Friederike Schmöe

K.L.A.R.

Jetzt trägt sie auch noch Kopftuch!

K.
L.
A.
R.

Impressum

Titel
Kurz – **L**eicht – **A**ktuell – **R**eal
Jetzt trägt sie auch noch Kopftuch!

Autorin
Friederike Schmöe

Titelbildmotiv
© Antonioguillem – Fotolia.com

Verlag an der Ruhr
Mülheim an der Ruhr
www.verlagruhr.de

Ab 12 Jahre

ISBN 978-3-8346-3061-2

Printed in Germany

Begleitendes Unterrichtsmaterial:

K.L.A.R. – Literatur-Kartei:
„Jetzt trägt sie auch noch Kopftuch"
Karla Seedorf
Kl. 7–10, 64 S., A4
Hefter: ISBN 978-3-8346-3052-0
PDF: ISBN 978-3-8346-3075-9

Hallo, grüß dich,

ich freue mich, dass du dieses Buch in die Hand nimmst. Vielleicht möchtest du auch wissen, wer es geschrieben hat?
Ich heiße Friederike Schmöe und schreibe seit vielen Jahren Bücher für Erwachsene und Jugendliche. Weil mich andere Länder und Kulturen faszinieren, reise ich gern. Einige meiner Geschichten spielen deshalb auch an exotischen Plätzen. An vielen fremden Orten habe ich schon spannende Abenteuer erlebt und gelernt, dass jeder Mensch die Welt anders sieht. Was für den einen das einzig Wahre ist, kann für den anderen falsch sein. Entscheidend ist, dass man echte Überzeugungen hat und trotzdem offen für Menschen ist, die anders denken.
Während ich dieses Buch geschrieben habe, sind mir Hanna, Karima, Sinan und Leon richtig ans Herz gewachsen. Ich würde mich freuen, wenn sie für dich genauso lebendig sind wie für mich.
Viel Vergnügen beim Lesen wünsche ich dir!

Friederike Schmöe

1

Hanna schlurfte gähnend zum Bus. Jeden Morgen fiel ihr das Aufstehen schwerer. Und dabei war heute erst Donnerstag! Sie konnte nur hoffen, dass Karima sich richtig gute neue Musik runtergeladen hatte. Dann würde wenigstens die Busfahrt zur Schule erträglich. Nach einer Woche Regen schien endlich die Sonne. Ein schöner Frühsommertag war das – wenn man den nur nicht mit Mathe und Englisch verbringen müsste!

An der Haltestelle hingen die üblichen Typen herum. Leon auch. Mit ein paar Jungs aus der Zehnten. Sie schlugen sich gegenseitig auf die Schultern und machten sich über irgendwen lustig. Hanna seufzte. Bisher waren all ihre Versuche, Leon auf sich aufmerksam zu machen, gescheitert. Verstohlen musterte sie seine Locken, die unter dem schwarzen Bandana mit dem Totenkopf rauslugten. Leon kickte einem seiner Kumpel ans Schienbein. Nicht fest, einfach nur so. Der motzte. Blödes Gelache der anderen. Leon guckte kurz zu ihr rüber, bevor sein Blick bei dem Mädchen

hängen blieb, das gerade zur Haltestelle getrabt kam. Sie war locker zwei Jahre älter als Hanna. Die Rothaarige mit dem Piercing. Die fehlte Hanna gerade noch. Schnell sah sie weg, checkte ihr Handy.
Hoffentlich kam der Bus bald!

★

„Hi, Hanna!“
Karima rutschte ein Stück. Hanna sank neben sie. Sie küssten einander auf die Wange.
Das machten sie jetzt ständig.
„Cooles Top!“ Hanna hob den Daumen.
„Neu?“
„Von meiner Schwester geliehen.“ Karima verdrehte die Augen. „Die killt mich, wenn sie's merkt.“
Hanna lachte gezwungen. Sie hatte keine Schwester, von der sie Klamotten ‚leihen‘ konnte. Die Sachen ihrer Mutter kamen nicht infrage. Viel zu spießig. Neidisch musterte sie das enge, rote Oberteil, das perfekt zu Karimas olivenfarbener Haut passte.
Ruckartig fuhr der Bus an und ein paar von den Kleinen, die im Gang herumalberten, fielen fast um.

„Hast du Leon gesehen? Ich glaub, der hat was mit der Rothaarigen aus der Zehnten", flüsterte Hanna.
„Welcher Rothaarigen?" Karima drehte sich um und schleuderte ihre dunkle Lockenpracht in Hannas Gesicht.
„Nicht so laut!" Hanna senkte die Stimme. „Die mit dem Nasenpiercing. Sie heißt Luisa, glaub ich. So Haare!" Hanna zeigte mit Daumen und Zeigefinger einen Minispalt. „Die waren im Frühjahr total abrasiert."
„Würde ich nie machen." Karima kicherte. „Willst du meine neuen Songs hören?"
„Klar!"
Karima reichte ihrer Freundin den einen Ohrstöpsel. Hanna steckte ihn ins Ohr. Karima machte dasselbe mit dem anderen. Sie drückte auf Play. Die Musik blendete alles aus.
Den Bus, Leon, die Rothaarige. Der Donnerstag begann doch nicht so schlecht.

2

Der Bus hielt vor dem Schulzentrum. Hunderte Schüler strömten zu den lang gestreckten Gebäuden hinüber. Karima und Hanna sprangen aus dem Bus.
„He, pass doch auf!“ Gutmütig knuffte Karima einen von den Kleinen, der ihr in die Hacken getreten war. Der duckte sich und zischte ab.
„Guck, da ist Sinan! Der schaut wie drei Tage Regenwetter!“ Grinsend wies Hanna auf den hochgewachsenen Jungen in Jeans und Sweater, der missmutig seinen Rucksack schulterte. „Schlechte Laune, wie üblich.“
Karima schlüpfte durch den Schulterriemen ihrer Tasche. Die Mädchen gingen langsam zur Schule hinüber.
„Er fastet.“
„Er was?“
„Er fastet. Ramadan. Die muslimische Fastenzeit hat gestern angefangen. Schon mal gehört?“
Hanna stöhnte auf. „Wie denn nicht! Ständig gibt's Diskussionen über Religion. Neulich sogar in Deutsch. Religionskriege und Dschihad

und Kulturkampf und so Zeug. Ich kriege die Krätze davon. Mit Religion habe ich einfach nichts am Hut."
Karima schwieg.
„Fastest du etwa auch?" Hanna sah ihre Freundin von der Seite an. Karima war auch Muslima, jedenfalls auf dem Papier.
„Ich? Nö." Karima grinste. „Aber ich finde es okay, wenn es jemand macht."
„Bloß ist derjenige dann den ganzen Tag verdammt schlecht gelaunt."
Karima wischte ein unsichtbares Stäubchen von ihrem Shirt. Besser vom Shirt ihrer Schwester.
„Ich finde ihn ganz süß."
„Wen?" Hanna dämmerte was. Sie konnte nur hoffen, sich zu täuschen.
„Sinan!" Karima lächelte.
„Sinan? Du spinnst! Diesen Langweiler?"
„Was ist an ihm langweiliger als an Leon?", schoss Karima zurück.
„Leon ist cool!"
„Wieso? Weil er ein Totenkopf-Bandana trägt?"
„Weil er halt cool ist! Er mag coole Musik und hängt mit krassen Leuten ab."
„Mit Luisa zum Beispiel!" Karima schnaubte.

Sprachlos starrte Hanna sie an. Was war auf einmal mit ihrer Freundin los? Sie lästerten doch immer gemeinsam ab. Am liebsten natürlich über die Jungs. Oder über die uncoolen Mädchen. Karima hatte eine spitze Zunge!
„Sinan ist eine Schlaftablette, Karima. Und kommt sich dazu noch superschlau vor. Weißt du noch, als wir gestern diese langweilige Diskussion über Meinungsfreiheit oder so hatten?“
„Was war da?“
„Er hat einfach behauptet, dass die Religion wichtiger ist.“
„Das ist halt seine Meinung. Musst du akzeptieren!“ Karima zuckte die Achseln.
Sie hatten das Hauptgebäude erreicht. Es roch muffig. Nach zu vielen Leuten auf engem Raum. Nach alten Sportklamotten. Nach Schule.
„Er will, dass wir seine Meinung achten, aber unsere akzeptiert er nicht oder wie?“, motzte Hanna.
„Bleib mal locker! Das hat doch mit dir gar nichts zu tun!“, gab Karima scharf zurück.
Mit schnellen Schritten marschierte sie los.
Verblüfft blieb Hanna stehen. Das passte so gar nicht zu Karima: Die ließ sonst nie eine Gelegenheit aus, über andere herzuziehen.

3

Der Tag wurde nicht gerade besser.

In Deutsch waren Zeitungen und Onlinemedien das Thema. Herr Prechtl, ihr Lehrer, brachte das Gespräch auf Karikaturen als Bestandteil der Tagespresse.

Schon ging es los. Sinan meldete sich.

„Ich finde, Karikaturen, die andere beleidigen, gehören verboten. Zum Beispiel Darstellungen des Propheten."

Hannas Hand schoss in die Höhe. „In Deutschland haben wir aber Meinungsfreiheit."

Einige Schüler murmelten zustimmend.

Schnell suchte Hanna Leons Blick. Doch der hockte auf seinem Platz an der Tür und knibbelte an seinem Block. Schaute nicht hoch.

„Die Freiheit des Einzelnen endet dort, wo die Freiheit des anderen beginnt", spielte Sinan sich zum Oberschlaumeier auf.

„Die Freiheit, gegen die Meinungsfreiheit zu sein?" Hanna lachte laut. „Das ist nicht wirklich logisch, oder?"

Karima meldete sich. „Man sollte schon aufpassen, die Gefühle der anderen nicht mit

Füßen zu treten. Auch nicht die religiösen Gefühle."
Hanna traute ihren Ohren nicht. Ihr wurde ganz heiß. Aus den Augenwinkeln bemerkte sie, dass Leon aufsah.
„Man muss aber sagen dürfen, wenn man findet, dass eine Religion schlechte Sachen macht", trumpfte sie auf.
Leon meldete sich. „Was ist mit dem IS? Dem Islamismus? Das ist doch alles Mist, oder?"
„Der Islamismus hat nichts mit dem Islam zu tun", wiegelte Sinan ab.
„Aber ohne den Islam gäbe es wohl auch keinen Islamismus", erwiderte Hanna.
Silke, ein Mädchen mit einem blonden Bob und jeder Menge Make-up, warf ein: „Vielleicht verletzt es ja meine Gefühle, wenn ihr Muslime Frauen zwingt, ein Kopftuch zu tragen."
„Niemand wird gezwungen!", warf Karima sofort ein.
„Stimmt. Der Islam kennt keinen Zwang!", sagte Sinan.
„Das habe ich noch nicht festgestellt", protestierte Hanna mit einem weiteren Seitenblick auf Leon. „Im Iran müssen Frauen sich verschleiern und dürfen keine enge Kleidung tragen!

Und alle behaupten, das steht im Koran."
„Genau!", rief ein Junge dazwischen. „Da steht, dass die Frau dem Mann unterstellt ist."
„Das steht allerdings auch in der Bibel", warf Herr Prechtl mit einem Lächeln ein.
„Dann sind halt alle Religionen idiotisch!", rief ein Mädchen.
Ein Junge sagte: „Im Islam darf ein Mann aber sogar vier Frauen haben! Ich bin dafür, dass wir alle Muslime werden!"
Die Jungs lachten sich halb tot, während die Mädchen lautstark widersprachen.
„Moment, Leute, Moment!" Herr Prechtl hob beide Hände. „Hier werden jetzt zu viele Dinge in einen Topf geworfen! Wir sollten …"
Der Lärmpegel in der Klasse explodierte. Plötzlich hatte jeder seinen Senf beizutragen. Herr Prechtl hatte alle Mühe, einigermaßen die Ordnung wiederherzustellen. Drei, vier Leute aus der letzten Bankreihe nutzten den Tumult, um heimlich Videos von dem ganzen Tohuwabohu zu drehen.
„… es ist nicht in Ordnung, den Propheten zu beleidigen", kam es von Sinan.
„Definiere Beleidigung!", hielt Hanna dagegen. „Ist eine Zeichnung schon eine Beleidigung?"

Sie sah zu Leon rüber. Leon grinste sie an und hob den Daumen. Das Blut schoss in Hannas Gesicht. Ihr war jetzt richtig heiß. Sie könnte noch Stunden weiterdiskutieren.
„Der Prophet darf überhaupt nicht dargestellt werden“, entgegnete Karima. „So sagt es der Koran.“
„Was juckt mich dein Koran!“, brachte Jan vor und grinste breit.
Karima widersprach: „Das ist respektlos.“
In dem Moment klingelte es.
‚Sie spinnt‘, dachte Hanna und blickte kopfschüttelnd auf Karima. ‚Sie spinnt total.‘

4

Der Tag wurde richtig mies. In den Pausen verkroch Karima sich irgendwo und Hanna saß alleine rum. Leon hing mit seinen Kumpels ab, hatte kein Auge für Hanna. Als sie nach dem Mittagessen aus der Kantine kam, sah sie Karima und Sinan in einer schattigen Ecke des Schulhofes sitzen. Ziemlich eng nebeneinander! Hanna nahm sich vor, Karima später im Bus ernsthaft die Meinung zu sagen.

★

„Wieso fährst du mir so dermaßen in die Parade?“, fuhr Hanna ihre Freundin an, kaum hatte die sich zu ihr gesetzt.
„Was hast du für ein Problem?“ Karima wich Hannas Blick aus.
„Seit wann interessierst du dich denn für Religion?“
„Vielleicht ist Religion nicht das Schlechteste!“
„Du hast nie was davon gehalten!“, protestierte Hanna. „Hast dich nicht mal dafür interessiert.“
„Hier ist alles so oberflächlich!“ Karima deutete auf die anderen Schüler. Zwei Jungs alberten

im Gang herum. Manche tippten auf ihren Smartphones herum. Ein Mädchen trug Lippenstift auf.
Hanna konnte daran nichts Schlimmes finden.
Karima fuhr fort: „Immer geht es nur darum: Wer hat das tollste Handy? Wer geht mit wem? Und blablabla. Über die wirklich wichtigen Dinge macht sich keiner Gedanken!“
„Was für wichtige Dinge? Bist du mir deswegen vorhin reingegrätscht?“ Hanna kochte innerlich. „Und jetzt plötzlich nimmst du Sinan in Schutz. Den Klugscheißer!“
„Lass Sinan aus dem Spiel!“, fauchte Karima.
Das durfte nicht wahr sein! Hanna musste gar nicht mehr zuhören. Sie verstand auch so.
Karima hatte sich in Sinan verknallt.
„Du machst dich zur Idiotin! Bloß wegen Sinan!“
„Und du?“, gab Karima zurück. „Du redest dich in Rage, nur damit Leon dir einen Blick zuwirft. Wirst dabei knallrot im Gesicht und spielst dich auf!“
Hanna spürte, wie ihre Wangen ganz heiß wurden. Sie fühlte sich ertappt.
„Das ist ganz was anderes. Es geht darum, dass Sinan nicht einfach seine Meinung über unsere stellen kann.“

„Unsere? Deine Meinung, meinst du wohl!“
Hanna holte tief Luft. „Jeder hat das Recht, seine Meinung zu sagen, aber das gilt für alle! Und genauso darf es in der Zeitung unterschiedliche Ansichten geben. Als Texte. Oder als Zeichnungen.“
„Sinan fühlt sich beleidigt! Die Karikaturen, die der Prechtl gezeigt hat, sind gegen den Islam.“
Hanna fuhr zurück. „So ein Quatsch!“
„Ist gar kein Quatsch! Und nur, damit du’s weißt: Sinan und ich sind heute Nachmittag verabredet!“
Wütend stöpselte Karima ihre Kopfhörer ein und tippte auf ihrem Player herum.
„Bist du jetzt total durchgeknallt?“, rief Hanna. Aber Karima ignorierte sie. Hanna stand auf und setzte sich weg. Als sie an ihrer Haltestelle ausstieg, winkte sie Karima nicht zu wie sonst immer. Sie beachtete sie einfach nicht.

5

Freitag. Karima hockte im Bus und hörte Musik auf ihrem Player. Das lockige Haar hatte sie zu einem strengen Zopf geflochten. Ihre Tasche lag auf dem Sitz neben ihr. Hanna blieb kurz stehen. Karima sah nicht auf.
Hanna zuckte mit den Schultern. Sie suchte sich einen Platz im hinteren Teil des Busses.
„Hi!“, sagte Silke.
„Hi.“
„Setz dich ruhig.“ Silke nahm ihre Tasche weg.
„Danke.“
„Blöde Diskussion gestern, oder?“
Hanna musterte Silke. Sie hatte ziemlich kritisch gegen Sinan Stellung bezogen.
„Schon. Ja.“
„Weißt du, auf Dauer sind die alle so, die muslimischen Mädchen. Sie tun westlich, aber dann passen sie sich den islamischen Regeln an.“
„Kann sein“, sagte Hanna.
Es fühlte sich falsch an, mit Silke über Karima zu tratschen. Hanna hatte mit Silke nicht besonders viel am Hut. Silke war die Anführerin

einer Clique: lauter Mädchen mit viel Schminke im Gesicht und tussigen Klamotten. Sie schielte zu Leon. Er lümmelte am Fenster, hatte die Augen geschlossen und hörte Musik.
„Ich finde, Religion ist Privatsache“, erklärte Silke und musterte ihre schwarz lackierten Fingernägel. „Zu Hause kann jeder machen, was er will. Aber in der Schule will ich nichts von dem ganzen Kram mitkriegen.“
„Aber wir feiern doch auch Weihnachten“, warf Hanna ein. Irgendwie hatte sie das Bedürfnis, Silke zu widersprechen. „Wir haben sogar eine Weihnachtsfeier in der Schule.“
„Pff, das ist ja wohl ganz was anderes.“
Hanna hätte am liebsten gefragt: „Warum?“, doch dann hielt sie den Mund. Es war schon was anderes. Oder doch nicht? Auf jeden Fall fühlte es sich ganz und gar falsch an, neben Silke zu sitzen. Ihr Platz war vorn bei Karima. Schon das zweite Schuljahr steckten sie die Köpfe zusammen und unternahmen alles gemeinsam. Hanna merkte auf einmal, wie wenig Anschluss sie an andere hatte.
Jetzt fehlte ihr Karima. Sie würde hingehen und sich mit ihr versöhnen.

6

Spätestens in der dritten Stunde kriegte Hanna immer richtig Hunger. Sie packte einen Schokoriegel aus, schob ihn Karima hin.
„Willst du beißen?“
Karima schob den Riegel ohne ein Wort zurück. Starrte in ihr Matheheft.
Entgeistert guckte Hanna ihre Freundin an.
„He, was ist denn los?“
Karima reagierte nicht auf Hanna. Stattdessen hob sie den Arm und beantwortete eine Frage, die die Lehrerin anscheinend gestellt hatte. Hanna hatte davon nichts mitgekriegt.
„Gut, Karima“, war die Antwort. „Vielleicht kann deine Banknachbarin Hanna gleich die nächste Aufgabe lösen?“
Hannas Gesicht begann, zu glühen. Sie hatte keinen Plan! Welche Aufgabe?
„Ich … äh …“
Kichern in der Klasse. Sie sah, wie Sinan zu ihr rüberschaute, ein spöttisches Grinsen im Gesicht.
‚Karima, hilf mir!‘, flehte Hanna im Stillen.
Sie warf einen verstohlenen Blick zu Leon.

Der hockte in Gedanken versunken da und starrte Löcher in die Luft.
Karima reagierte nicht auf Hannas Verzweiflung. Gleichgültig kritzelte sie Männchen in ihr Heft.
„Na, dann wollen wir Hanna mal ein bisschen Zeit geben, sich zu konzentrieren“, sagte Frau Leipold. Karimas Hand schoss in die Höhe.
„Ja, Karima?“
Hanna stützte ihren Kopf in beide Hände.
Das war dermaßen peinlich! So eine Gemeinheit von Karima! Warum bloß ließ sie sie im Stich?
Hanna blinzelte zwischen den Fingern durch.
Sie sah, wie Sinan zu Karima rüberlächelte.
Und Karima lächelte zurück.
Verdammt!
Hanna nahm den Schokoriegel. Sie brauchte jetzt dringend was Süßes!
„Hanna!“, mahnte Frau Leipold. „Bitte warte auf die Pause.“
Wütend ließ Hanna den Riegel in ihre Schultasche rutschen. Alles ging schief. Und nur wegen Sinan! ‚Na warte‘, dachte sie. Mit Karima hatte sie noch ein Hühnchen zu rupfen.

7

Montag. Leon mit seinen Kumpels an der Haltestelle. Regen. Breite Pfützen überall. Frustriert stülpte sich Hanna die Kapuze ihrer Regenjacke über. Das ganze Wochenende Funkstille zwischen ihr und Karima. Dabei sahen sie sich sonst oft in der Stadt, aßen Eis, chatteten stundenlang am Handy. Aber Karima hatte einfach nicht auf Hannas Nachrichten reagiert. Endlich kam der Bus.

Karima saß am üblichen Platz. Mit einem Kopftuch!

„Bist du jetzt total übergeschnappt?"

Entschlossen schob Hanna Karimas Tasche weg und sank neben die Freundin. „Was wird das denn?"

Karima reagierte nicht.

„Karima!" Hanna legte die Hand auf Karimas Arm. „Rede mit mir. Das ganze Wochenende habe ich versucht, dich zu erreichen! Wir hätten Eis essen, irgendwas unternehmen können – das Wetter war so super!"

„Ich bin Muslima. Seit Mittwoch haben wir Ramadan. Habe ich dir doch schon gesagt.

Ich habe beschlossen, das Fasten einzuhalten. Ich möchte das einfach mal machen, verstehst du?"
„Aber warum? Du hast dich nie um Religion geschert!"
„Mir geht dieses ganze flache Blabla jeden Tag total auf den Geist. Das kann einfach nicht alles sein."
„Du suchst den Sinn des Lebens oder was? Musst du deshalb mit einem Kopftuch rumlaufen? Bei deinem Haar?"
Karima zuckte die Achseln. „Es steht im Koran. Ich will mich dran halten."
Hanna konnte es einfach nicht glauben.
„Wieso, Karima?"
„Das Fasten stärkt die Selbstdisziplin. Ich will Dinge über mich herausfinden. Sehen, wie stark ich bin."
„Bestimmt knickst du ein. Wir haben bis vier Uhr Schule."
„Das werden wir ja sehen."
Der Regen klatschte an die Busfenster.
Der Tag war trüb und verhangen. Auch ohne den ganzen Quatsch, den Karima da veranstaltete, wäre Hanna reichlich schlecht gelaunt gewesen.

„Es ist wegen Sinan, oder?“, fragte sie leise. Keine Antwort. Hanna sah, wie etwas in Karimas Gesicht anders wurde. Weicher.
„Karima? Ist Sinan der Grund für das alles? Das Kopftuch und das Fasten?“
„Ich mag ihn einfach, okay?“ Karima sah Hanna in die Augen. Ihr Blick wirkte verletzlich.
„Er ist ein Hardliner! Und ein Langeweiler, Karima!“
„Du bist doch nur gegen ihn, weil er Muslim ist.“
„Bin ich nicht.“
„Wenn ein Muslim als armer Schlucker nach Deutschland kommt, als Flüchtling, dann sprichst du mit Leichenbittermiene darüber. Wie neulich im Unterricht, als wir über Syrien diskutierten. Aber wenn ein Muslim selbstbewusst auftritt und seine Meinung verteidigt, bist du sofort gegen ihn.“
Mit offenem Mund lauschte Hanna Karimas langer Rede.
„Soll er Muslim sein, von mir aus! Jeder kann glauben, woran er will! Aber es ist verrückt, nur wegen eines Jungen zu fasten und Kopftuch zu tragen. Du passt dich einfach an, bist nicht mehr du selbst und erniedrigst dich vor ihm, kapierst du das nicht?“

„Ich mache es für mich. Nicht für ihn, okay?"
„Das glaubst du ja wohl selbst nicht!"
„Lass mich einfach in Ruhe, Hanna!" Karima lehnte den Kopf an das verschmierte Busfenster. Nicht mal die Ohrstöpsel steckte sie in ihre Ohren. Wahrscheinlich galt das Fasten auch für ihre Musik. Und sie trug keine engen Jeans, sondern weite Stoffhosen und eine Tunika drüber.
Hanna verstand die Welt nicht mehr.

8

In der Pause kam Leon an. Er sah einfach umwerfend gut aus, mit den durchgeschabten Jeans und einem knallroten, superengen T-Shirt, das seine trainierten Muskeln betonte.
„Na?“, fragte er.
„Na?“ Hannas Puls wurde sofort schneller.
„Hast du Lust, heute Abend mit mir und ein paar von den anderen im Jugendzentrum Billard zu spielen?“, fragte Leon. Er guckte Hanna kurz an, dann sah er weg.
Hanna fühlte ihr Herz hüpfen.
„Logisch“, sagte sie so cool wie möglich.
Sie war noch nie im Jugendzentrum gewesen. Da gingen die Älteren hin. Die 16-, 17-Jährigen. Billard hatte sie noch nie gespielt.
„Da ist auch oft krasse Musik. Um sechs, ja?“
Leon rückte an seinem Bandana herum und ging weg. Seine Kumpels erwarteten ihn schon grinsend und schlugen ihm auf die Schulter.
Normalerweise wäre das eine Nachricht gewesen, die Hanna sofort mit Karima geteilt hätte. Doch Karima war nicht zu sehen, weder in der Pausenhalle noch in der Kantine. Klar, sie

fastete ja. Auch von Sinan keine Spur. Die beiden hingen garantiert irgendwo zusammen ab und taten so, als würden sie nicht die geringste Lust haben, sich zu küssen. Hanna schnaubte verächtlich. Waren die Muslime nicht der Auffassung, dass Sex nur in der Ehe erlaubt war? Sie schüttelte den Kopf. Karima mit Kopftuch – das war ein schlechter Scherz! Trotzdem fühlte sich der verregnete Tag gar nicht mehr so mies an. Sie hatte eine Verabredung mit Leon!

★

Nach der Pause setzte sich Karima neben Hanna in die Bank, ohne ein Wort zu sagen. Sie hatten Bio. Es juckte Hanna, ihrer Freundin von Leon zu erzählen. Aber sie biss sich auf die Lippen und sagte kein Wort. Auch Karima sagte nichts. Sie malte bloß Blümchen und Herzchen in ihr Heft. Und guckte immer wieder zu Sinan rüber.
‚So eine Idiotin', dachte Hanna sauer. ‚Zu so einer Lachnummer mach ich mich nicht. Nie!'
Die Lehrerin stutzte, als sie Karima mit Kopftuch sah. Verwirrt guckte sie zu Hanna. Hanna sah weg. Der Unterricht begann.

9

Hannas Herz klopfte vor Freude, als sie Richtung Jugendzentrum lief. Der Regen hatte aufgehört. Rosa Wolken leuchteten im Abendlicht. Hanna hüpfte um die Pfützen herum. Sie trug Jeans und ein Shirt, das Karima ihr vor ein paar Wochen geschenkt hatte: Schwarz mit gelben Nähten. Und eng. Richtig eng.
Das Jugendzentrum war von der Straße aus durch einen Hinterhof zu erreichen. Musik wummerte aus den Fenstern. Im Hof standen noch Wasserlachen. Fünf, sechs ältere Jungs drückten sich vor dem Gebäude herum und tranken Cola. Sie musterten Hanna abschätzig, als sie an ihnen vorbeiging.
Leon war schon da. Er stand mit ein paar Kumpels am Billardtisch, eine Cola-Flasche in der Hand. Einen von seinen Freunden kannte Hanna aus dem Schulbus. Die anderen hatte sie noch nie gesehen.
„Hi!" Ihre Stimme hörte sich ganz komisch an. Gar nicht so einfach, Leon locker zu grüßen. Alle starrten sie an.
„Hi!" Leon hob einfach die Hand mit der Cola.

Zwei von Leons Freunden machten sich am Billardtisch wichtig. An der Wand stand ein Flipper, an dem zwei andere Jungen hantierten. Hanna war das einzige Mädchen.
„Kommst du öfter zum Billard hierher?“, fragte sie Leon.
Er zuckte die Achseln. „Schon. Ja.“
„Cool. Wollen wir mal zusammen spielen?“
„Kannst du denn spielen?“
„Habe ich noch nie gemacht. Leider.“
„Dann lieber nicht.“ Leon schnappte sich eine Billardkugel und warf sie von einer Hand in die andere.
Hanna spürte, wie ihr die Kehle brannte. Die ganze Vorfreude auf das Date mit Leon brach zusammen. Was sollte sie hier? Interessierte sich Leon überhaupt für sie?
„Willst du was trinken?“ Leon sah sie an. Nur kurz, bis sein Blick wieder auf der Billardkugel ruhte.
„Och … ja.“
„Hol dir halt was. Draußen auf dem Flur ist ein Getränkeautomat.“
Mit heißen Wangen ging Hanna in den Flur. Neben dem Automaten alberten ein paar Typen rum. Sie redeten halblaut auf Türkisch.

Als Hanna kam, schwiegen sie. Einer glotzte sie durchdringend von oben bis unten an. Ein dunkler, breitschultriger Junge. Ein Frösteln rann Hanna über den Rücken.
So locker sie konnte, drückte sie auf die Taste für ‚Cola' und warf ein paar Münzen in den Schlitz. Im Automaten rumpelte es. Nichts kam raus.
„Musst du mal dagegenhauen!", schlug der breitschultrige Typ vor. Er ließ die flache Hand ein paarmal gegen die Maschine knallen.
Eine Flasche rutschte ins Ausgabefach.
„Sag ich doch!" Grinsend verzog er den Mund.
Hanna bemerkte ein kleines Muttermal knapp über der Oberlippe. Es sah aus wie ein Tropfen.
„Danke."
Sie schnappte sich die Flasche und ging langsam zurück zu Leon. Die Blicke der Älteren bohrten sich in ihren Rücken.

10

Der Rest der Woche hätte frustrierender nicht sein können. Hanna fand, dass sie die Mega-Arschkarte gezogen hatte. Karima entfernte sich immer mehr von ihr, verbrachte ihre Pausen mit Sinan. Während des Unterrichts tat sie so, als wäre Hanna gar nicht da. Hanna dagegen knabberte noch an der peinlichen Niederlage im Jugendzentrum. Eine Weile hatte sie Leon und ein paar anderen Jungs beim Billard zugesehen. Der Typ mit dem Muttermal hatte mit seinem Handy ein Video vom Billardspiel aufgenommen. Hanna hoffte, dass sie nicht drauf war. Normalerweise hatte sie kein Problem damit, wenn Leute ihre Videos ins Netz stellten. Diesmal gefiel ihr der Gedanke allerdings nicht besonders. Die ganze Atmosphäre dort hatte sich unbehaglich angefühlt.
Leon hatte sich kaum um sie gekümmert. Hatte Billard gespielt. Anscheinend ziemlich gut, die anderen hatten ihm anerkennend auf die Schulter geklopft. Das machten die Jungs ja ständig. Hanna war kurz vor acht gegangen.

Einerseits erleichtert, aus dem Jugendzentrum rauszukommen, andererseits total niedergeschlagen. Leon schien sich nicht die Bohne für sie zu interessieren. Warum lud er sie dann überhaupt ein?
Auch an diesem Morgen an der Bushaltestelle reagierte er kaum, als Hanna ankam. Stattdessen redete er ein paar Takte mit Luisa.
Im früheren Leben, bevor Karima ein Kopftuch trug, hätte Hanna sich bei ihrer Freundin ausgekotzt. Karima hätte sie wieder aufgebaut. Bestimmt! Aber Karima war im Moment durch und durch mit sich selbst beschäftigt. Und mit Sinan.
Deswegen setzte Hanna sich im Bus seit Neuestem neben Silke.
„Hi", grinste Silke. „Wie geht's?"
„Geht so."
„Stress mit Karima?"
„Hm."
„Wenn sie clever ist, steigt sie aus dem ganzen Religionskram wieder aus. Ein Kopftuch, überleg mal! Ich meine, Islam, das ist doch von gestern! Die sind gegen Frauen. Und gegen Sex sowieso." Silke kicherte. „Denk mal an die ganzen Ehrenmorde."

Hanna stöhnte innerlich. Sie ertrug Silkes Gerede nur, weil sie nicht allein sitzen wollte.
„Naja, dass Sinan einen Ehrenmord plant, glaub ich jetzt nicht“, erwiderte sie.
„Man kann nie sicher sein! Die Muslime wirken angepasst. Aber dann ticken sie aus. Schau dir Karima an! Ein Kopftuch, von heute auf morgen. Wer kapiert so was schon!“
Hanna musste Silke Recht geben. Karima hatte sich nie für Religion interessiert, bis sie in null Komma nix umgeschwenkt war. Wegen Sinan!
Anders als sonst war Hanna froh, als der Bus am Schulzentrum hielt. Sie ging mit Silke zum Klassenzimmer. Nicht mit Karima. Die ging mit Sinan. Der kam angetrabt, grinsend, und berührte Karima leicht an der Schulter.
„Die küssen sich ja gar nicht.“ Silke strich sich die perfekt geschnittenen, blonden Haare aus der Stirn. „Gegen die Religion, wie?“
Hanna lachte. Sie beobachtete, wie Karima ihren Kopf kurz an Sinans Schulter lehnte. Den Kopf, den sie sorgsam mit einem Tuch umwickelt hatte. Augen hatte sie nur für Sinan. Die beiden schlenderten zum Schulgebäude. Lachten. Hanna stöhnte. Es war, als wäre Karima ein anderer Mensch geworden.

11

Während der Schulstunden schwieg Karima sich Hanna gegenüber aus. Als säße Hanna gar nicht neben ihr. Das fühlte sich grässlich an. Hanna überlegte schon, ob sie ihre Klassenlehrerin bitten sollte, den Platz zu tauschen. ‚Vielleicht mit Sinan', dachte sie und lachte leise auf. Das Lachen schmeckte bitter. Karima guckte nicht zu ihr rüber.
Wenigstens passierte in der Mittagspause was Besseres. Was richtig Gutes sogar.
Hanna stand mit Silke in der Kantine an.
Leon kam auf sie zu und drängte sich hinter sie.
„Hi, Hanna."
„Hi." In Hannas Magen krampfte sich alles zusammen.
„Hast du Lust, wieder mal zum Billard zu kommen?"
Leons Anwesenheit trieb Hanna die Hitze ins Gesicht. Ihre Wangen glühten. Sie merkte, wie Silke sie neugierig ansah.
„Okay …", murmelte sie. Um ehrlich zu sein: Sie hatte nicht die geringste Lust, wieder in dieses Jugendzentrum zu gehen. Nicht wegen

der Jungs, die dort abhingen. Sondern weil Leon sie dort kaum beachtet hatte.
„Oder wir unternehmen was anderes."
Leon fummelte an seinem Bandana rum.
Die Schlange rückte vor. Gleich musste Hanna sich entscheiden, ob sie Rigatoni mit Fleischsoße oder Gemüseauflauf wollte.
„Vielleicht hast du ja Lust auf ein Eis am Samstag", schlug sie vor. Aus den Augenwinkeln sah sie Silkes sensationsgierigen Blick.
„Okay." Leon nickte und guckte weg. Als verbrannte er sich an Hanna, wenn er sie länger ansah.
„Um drei im ‚Dacapo'?"
„Klingt gut. Bis dann."
Er zog ab.
„Was darf's denn sein, Mädchen? Entscheide dich, die anderen haben auch Hunger!" Die Stimme der Kantinenfrau ließ Hanna aufschrecken.
Hatte sie sich jetzt eben mit Leon verabredet? Im Café? Das war dann wohl ein richtiges Date.
„Ich nehme Gemüseauflauf", sagte Hanna.
Eigentlich mochte sie Pasta lieber. Aber es spielte keine Rolle. Jetzt, wo Leon sie angequatscht hatte, spielte nichts mehr eine Rolle.

12

Am Samstag wartete Hanna auf Leon. Schon seit halb drei lungerte sie in der Nähe herum und beobachtete das Café. Sie wollte bei diesem Date nicht die erste sein. Wollte nicht dasitzen und warten und sich allein an einem Tisch komisch vorkommen. Es war ein warmer, sonniger Tag und die Fußgängerzone schien vor Leuten zu platzen. Menschen zogen gutgelaunt mit Eistüten in den Händen von Schaufenster zu Schaufenster. Freunde begrüßten sich und quatschten miteinander. An den Marktständen drängten sich die Kunden mit Einkaufskörben.
Um kurz vor drei tauchte Leon auf. Er trug ein grünes Shirt und abgeschnittene Jeans. Hannas Herz hüpfte. Ihr Mund war ganz trocken. Jetzt nur ganz locker rüberschlendern zum Café! Dabei fühlte es sich echt seltsam an, Fuß vor Fuß zu setzen. Als müsste sie gleich abheben und durch die Luft schweben.
„Hi!“ Sie blieb neben dem Tischchen stehen, an dem Leon sich breitmachte. Er hatte ganz schön lange Beine. Die streckte er weit von

sich. Und braun gebrannt war er auch. Unter seinem Shirt spielten die Muskeln.
„Hi, Hanna!“ Er sah sie an, grinste und guckte gleich wieder weg.
Sie wusste nicht, worauf sie wartete. Dass er irgendwas sagte jedenfalls. Mehr als nur: ‚Hi, Hanna!‘ Sie setzte sich. Plötzlich fühlte sich alles peinlich an.
„Wie geht’s dir?“, fragte sie. Alles war besser, als wenn keiner wusste, was er sagen sollte.
„Im grünen Bereich. Bei dir?“
„Auch so.“
„Willst du ein Eis?“, fragte Leon.
Zusammen studierten sie die Eiskarte. Dabei rückte Hannas Kopf ganz nah an Leons. Ihre Wange berührte sogar für Millisekunden seine Locken, die unter dem Bandana rausquollen. Hanna schreckte zurück, als hätte jemand ihr einen Stromschlag versetzt.
„Ich nehme Schokoschock“, verkündete Leon.
„Ich auch.“ Hanna hatte einfach keinen Nerv, sich irgendwas auszusuchen. Sie hatte gar nicht wirklich gelesen, was auf der Karte stand.
„Was ist eigentlich mit Karima los?“, fragte Leon.

„Wieso?“ An Karima wollte Hanna jetzt gar nicht erinnert werden. Nicht wenn sie mit Leon im Café abhing.
„Naja, ich meine … alle in der Klasse zerreißen sich das Maul darüber.“
„Worüber?“ Hanna ahnte, was kommen würde.
„Dass Karima urplötzlich auf gläubig macht. Ein Kopftuch trägt. Ich finde das mutig. Sie stellt sich ja fast allein gegen alle.“
„Das macht sie nur wegen Sinan.“ Hanna fand, dass ihre Stimme schrill klang.
„Meinst du? So hätte ich Karima gar nicht eingeschätzt.“
Hanna stöhnte innerlich. Endlich hatte sie ein Date mit Leon – da wollte sie ganz bestimmt nicht über Karima reden. Schnell wechselte sie das Thema. „Neulich im Jugendzentrum … da war ein Junge. Kennst du den zufällig?“, erkundigte sie sich beiläufig.
„Welchen denn?“
„Den mit dem Muttermal. Der gefilmt hat.“
„Der schlägt öfter im Zentrum auf. Er heißt Yaser. Ist seit letztem Jahr aus der Schule raus. Filmt jeden Mist und stellt das Zeug dann ins Internet.“
„Kennst du ihn näher?“

„Er wirkt ein bisschen abweisend. Ist aber ansonsten ganz okay."
Das Eis kam. Ein riesiger Becher mit Schokoeis, Schokosoße und Krokantraspeln auf einer Krone aus Sahne. Hanna lief das Wasser im Mund zusammen.
Sie machten sich über das Eis her. Aus den Augenwinkeln sah Hanna ein Mädchen die Fußgängerzone entlangschlendern. Ein Mädchen, älter als sie selbst, mit streichholzkurzen, roten Haaren. Luisa.
Hannas Herz begann, wie wild zu hämmern. Verdammt, das hier war ihr Date mit Leon. Sie hatte keine Lust, es sich von Luisa verderben zu lassen. Luisa mit dem riesigen Selbstbewusstsein und dem bescheuerten Haarschnitt. Luisa hielt direkt auf das Café zu.
„Na, Leon, alles klar?" Ohne auf Hanna zu achten, schlugen sie und Leon sich ab.
„Hi, Luisa!"
Hannas Herz hämmerte wie wild. Alles an ihr krampfte sich zusammen. Irgendeine brutale Kraft würde sie bestimmt gleich zerreißen.
„Geiler Tag, was?" Luisa strich sich über das Stoppelhaar.
„Supergeil."

„Bist du morgen auch auf Tims Party dabei?“
„Sowieso.“ Leon nickte. Er wirkte ganz cool. Er konnte Luisa sogar richtig in die Augen schauen. Das schaffte er bei Hanna nie.
Luisa sah Hanna mit zusammengekniffenen Augen an. „Hi übrigens.“
Hanna konnte nicht antworten. Ihre Kehle war staubtrocken. Zum Glück sagte Leon: „Wir haben vorhin über Karima geredet. Die jetzt Kopftuch trägt. Du kennst sie doch auch, oder?“
Luisa zuckte die Achseln, als gäbe es nichts Unwichtigeres auf der Welt. „Lasst sie doch. Ist besser, als bei Pegida mitzulaufen wie die Eltern von der tollen Silke.“ Sie wandte sich wieder an Leon: „Sollen wir dich zur Party mitnehmen? Wir fahren mit dem Auto.“
Hanna kam sich völlig ausgeschlossen vor. Sie musste dämlich gewesen sein, zu glauben, dass Leon sich für sie interessierte. So wie er Luisa immer ansah, bevor sie in den Bus stieg! In ihrem Kopf summte es. Sie suchte nach ihrem Portemonnaie. Legte einige Münzen auf den Tisch. Stand auf. Achtete nicht auf Leon, der ihr hinterherrief, wo sie denn hinwolle. Reagierte nicht auf Luisas perlendes Lachen. Nur weg. Nur weg.

13

Sonntag. Hanna hockte frustriert zu Hause. Alles war eine einzige Niederlage!
Leon stand auf Luisa. Das tat richtig weh. Mit Karima konnte Hanna nicht reden. Kurz kam ihr die Idee, Silke anzurufen. Aber dann würde morgen nicht nur die ganze Klasse, sondern die gesamte Schule Bescheid wissen. Darauf konnte Hanna verzichten.
Sie sehnte sich sehr nach Karima. Dass ihre beste Freundin sich von ihr entfernte, sie in der Schule schnitt, sich nicht mehr meldete, nichts mit ihr zu tun haben wollte … Alles war nur Sinans Schuld! Konnte gar nicht sein, dass Karima plötzlich von selbst auf Religion machte. Das passte nicht zu ihr! Hanna fühlte eine heiße, glühende Wut auf Sinan. Dieser Vollpfosten! Der mit seiner Religion! Machte aus Karima in Windeseile einen ganz anderen Menschen!
Hanna fuhr den Computer hoch. Ging auf Facebook. Die Plattform langweilte sie zwar, doch ab und zu musste sie schauen, was dort abging. Einfach um auf dem Laufenden zu sein.

Karima hatte ihr Profilbild geändert. Statt ihres eigenen Gesichts war da jetzt ein Eichhörnchen zu sehen. Ansonsten nichts Neues. Keine Fotos. Keine flippigen Kommentare. Keine Musikvideos.
Hanna suchte Leon. Unter seinen Freunden war natürlich auch Luisa! Diese dumme Kuh! Schnell klickte Hanna weiter. Sie wollte gar nicht wissen, was Luisa und Leon im Netz zu besprechen hatten!
Ob Sinan auch auf Facebook war? Hanna gab seinen Namen ein. Klar. Da war er. Ein superbraves Profilbild: Sinan und seine Eltern. Das neueste Posting war ein Link mit dem Titel: „Muslime gegen Terror."
Ein paar Leute, die Hanna nicht kannte, hatten Kommentare geschrieben: „Der Islam ist eine Religion der Gleichheit und Gerechtigkeit."
„Islam bedeutet ‚Friede'."
„Wir lassen uns von Vorurteilen nicht kaputtmachen!"
‚Dass ich nicht lache', dachte Hanna. Hektisch suchte sie nach einem Kommentar von Karima. Nichts.
Stattdessen fand sie ein Foto: Fünf Jungs grinsten in die Kamera. Einer von ihnen war

Sinan. Der älteste in der Gruppe war der breitschultrige Kerl aus dem Jugendzentrum. Der mit dem Muttermal. Der die Videos gemacht hatte.
Hanna checkte die Namensmarkierung: Yaser Karabulut. 18 Jahre alt. Er war mit Sinan befreundet.
Sie surfte durch Yasers Profil. Massenweise Videoclips; Autos, Fußballspiele. Das Billardspiel von neulich. Alles ganz harmlos. Aber was hatte sie erwartet? Dass Yaser Snuffvideos ins Netz stellte?
Sie aktivierte die Chatfunktion. Karima war online. Sollte Hanna ihr eine kurze Message schicken? Nur ‚Hi' sagen, so wie früher?
Die Zeit ihrer Freundschaft mit Karima schien Hanna unendlich weit weg, wie eine entfernte Vergangenheit, an die sie sich kaum noch erinnerte.
Wahrscheinlich chattete Karima jetzt mit Sinan. Oder sie hockten beide zusammen, mit knurrendem Magen, und beschäftigten sich mit ihrem Ramadan.
Der Zorn kam zurück.
Alles war Sinans Schuld!

14

Irgendwann wurde es immer Montag. Auch diesmal. Der erste Tag der Woche wirkte noch bedrohlicher als sonst, jetzt, da es keine Karima gab, mit der sie die Köpfe zusammenstecken konnte, um über Leon zu lästern.
Hanna schleppte sich zur Bushaltestelle.
Das war der Augenblick, vor dem sie sich das ganze Wochenende lang am meisten gefürchtet hatte. Sie würde Leon sehen. Und Luisa.
Allein bei dem Gedanken fühlte Hanna sich bloßgestellt. Sie kramte ihren MP3-Player aus der Tasche und stöpselte die Kopfhörer ein.
Die Musik blendete die Wirklichkeit wenigstens zeitweise aus.
Aus den Augenwinkeln sah sie, wie Leon zur Haltestelle geschlurft kam. Nur nicht hinschauen. Demonstrativ drehte Hanna sich weg.
Wie immer tauchte Luisa erst kurz vor dem Bus auf. Begrüßte Leon. Hannas Augen brannten.
Im Bus ging sie mit erhobenem Kopf an Karima vorbei. Die sah blass aus heute. Unter ihren Augen lagen tiefe Schatten. Das Kopftuch

rahmte ihr Gesicht unschön ein. Sie sah krank aus.
‚Selbst schuld', dachte Hanna selbstgefällig. Schnurstracks ging sie nach hinten, wo Silke saß.
„Hi."
„Hi!" Silke schien sich wirklich zu freuen, Hanna zu sehen. „Was hörst du da?"
„Willst du?" Hanna zog einen Ohrstöpsel aus dem Ohr und reichte ihn Silke.
Gemeinsam hörten sie Musik, bis der Bus am Schulzentrum ankam.

★

Auf dem Weg zum Schulgebäude wartete Leon auf sie. Er stand am Wegrand, den Rucksack über der Schulter, während Hanna langsam mit Silke zur Schule schlenderte. Hunderte Schüler tobten um sie herum, aber irgendwie wusste Hanna, dass Leon nach ihr Ausschau hielt. Wahrscheinlich hatte er sich übers Wochenende irgendeine dumme Ausrede zurechtgelegt. Irgendwas wie: „Es ist nicht so, wie du denkst." Sie würde gar nicht darauf eingehen. Leon war für sie gestorben! Wie Karima!

„Hi, Hanna!“ Er passte sie ab. Vor Silke! Das auch noch.
„Lass mich in Frieden!“ Hanna drehte sich weg.
„Probleme?“, zischte Silke in Hannas Ohr.
„Leon ist ein Spacko.“
„Hätte ich dir gleich sagen können. Er wollte mal mit mir gehen. Aber ich kann verzichten. So ein Honk! Versteifte sich drauf, dass ich mit ihm in das Jugendzentrum gehe, wo die ganzen Türken rumhängen. Nee, danke! Wusstest du eigentlich, dass die Türken hier in der Nähe eine Moschee gebaut kriegen?“
Entschlossen hängte sich Silke bei Hanna ein.
„Äh … nein!“ Hanna fiel ein, was Luisa behauptet hatte: Dass Silkes Eltern bei den Pegida-Demonstrationen mitgingen.
Das hatte anscheinend auf Silke abgefärbt.
„Mir hängt das so zum Hals raus! Wissen wir denn, wer sich da zusammenrottet?“
„Naja, ich glaube, die meisten sind ganz friedlich. Die gehen halt in die Moschee, so wie bei uns die Leute in die Kirche gehen.“
„Du kannst aber nie sicher sein!“ Silkes Griff um Hannas Arm wurde fester.
Vor Hannas Augen drehte sich kurz alles. Die Schule, der Weg, die Schüler, der ganze bunte

Tumult eines Montagmorgens. Die Sonne schien, es wurde Sommer und bald fingen die Ferien an. Bloß tief drin in Hanna war alles kalt und grau.
Auf dem Korridor vor ihrem Klassenzimmer machte sie sich von Silke los.
„Ich muss noch mal auf die Toilette", brachte sie heraus. Schon lief sie den Gang entlang.
„Beeil dich, die Stunde fängt gleich an!", rief Silke ihr hinterher.
Hanna stürmte in den Waschraum. Sie knallte die Tür hinter sich zu. Das Stimmengewirr der Schüler, die kurz vor Unterrichtsbeginn durch die Gänge rannten, war nur noch gedämpft zu hören. Sie ließ das Wasser laufen. Kühlte ihre Hände. Spritzte sich Wasser ins Gesicht. Von weit weg hörte sie die Klingel. Es war egal, dass sie zu spät kommen würde. Sie brauchte jetzt einfach ein paar Minuten für sich.

15

Die letzte Stunde vor der großen Pause war Bio. Normalerweise mochte Hanna das Fach. Heute allerdings konnte sie sich überhaupt nicht konzentrieren.
Karima schien es genauso zu gehen. Hanna beobachtete, wie ihre Freundin – genauer: ihre Ex-Freundin – fahrig die Stifte auf dem Tisch herumschob. Unaufhörlich nestelte sie an ihrem Kopftuch. Kein Wunder. Das war bestimmt warm, bei der Hitze den dicken Stoff um Gesicht und Hals zu haben! ‚Geschieht ihr ganz recht', dachte Hanna gehässig.
Sie begann, Muster auf die nächste leere Seite in ihrem Heft zu malen. Es war stickig im Klassenraum. Die Schüler waren unruhig. Irgendwas flog gegen die Scheibe.
„Das war eine Amsel! Eine Amsel!", rief Jan. „Haben Sie das gesehen, Frau Minges?"
„Lass gut sein, Jan", erwiderte die Biolehrerin. „Setz dich wieder hin."
Die halbe Klasse klebte schon am Fenster.
„Echt, eine Amsel?", rief Silke. „Vielleicht ist sie verletzt. Wir müssen uns drum kümmern."

Der Aufruhr ebbte erst ab, als Frau Minges selbst das Fenster öffnete und nach draußen sah. „Na, bitte. Keine Amsel. Keine gesunde und keine verletzte. Ihr habt euch getäuscht!“, sagte sie entschieden.
Hanna seufzte auf. Heute nervte sie wirklich alles! Wer machte denn so einen Aufstand wegen einer Amsel? Vielleicht hatte auch nur jemand was ans Fenster geschmissen. Der Klassenraum ging auf den Pausenhof. Da kam es schon mal vor, dass welche von den Kleineren mit Bällen warfen.
Hanna war so damit beschäftigt, sich zu ärgern, dass sie überhaupt nicht mitbekam, was neben ihr passierte.
„Karima?“ Frau Minges' Stimme war ganz nah. „Karima, geht es dir nicht gut?“
Unversehens Stille im Klassenraum. Erst jetzt sah Hanna auf.
„Karima?“ Die Lehrerin stand direkt neben Karima. Ihre Stimme klang schrill wie zerberstendes Glas.
Karima war auf ihrem Stuhl zusammengesunken. Die Arme hielt sie hoch, seltsam verkrampft. Ihre großen, dunklen Augen blickten ins Leere. Ihr Gesicht war wachsweiß.

Frau Minges packte Karima unter den Achseln. „Hanna, hilf mir!"
Hanna sprang auf. Sie half der Lehrerin, Karima auf den Boden zu legen. Sie schoben Hannas Jacke unter Karimas Kopf. Vorsichtig rieb Frau Minges über Karimas Wangen.
Es war totenstill in der Klasse.
„Hanna, halte Karimas Beine hoch. Das Blut aus den Beinen muss zurückfließen."
„Okay." Wie durch Watte nahm Hanna wahr, dass Sinan aufgesprungen war und am Waschbecken Wasser in einen Becher laufen ließ. Frau Minges lockerte Karimas Kopftuch.
„Was hat sie?" Silkes Stimme.
Ganz langsam wurde Karimas Gesicht rosiger und ihre Augen blickten nicht mehr so leer.
Alle Schüler starrten auf Karima. Hanna hatte das Bedürfnis, sich zwischen die Gaffer und ihre Freundin zu stellen.
„Sie ist schon wieder bei Bewusstsein", stellte Frau Minges fest. „Halte weiterhin ihre Beine, Hanna. Und ihr anderen setzt euch hin!", bellte die Lehrerin.
Aufgeregtes Getuschel setzte ein. Karima kam zu sich. Entsetzt blickte sie Frau Minges an. Dann Hanna.

„Was ist passiert?", flüsterte sie. Ihre Stimme klang heiser.
„Du bist ohnmächtig geworden, Karima. Bleib noch einen Moment liegen."
Sinan reichte der Lehrerin das Wasser.
„Trink einen Schluck, Karima!"
Karima nahm den Becher und trank das Wasser. Behutsam ließ Hanna Karimas Beine sinken.
„Geht's dir besser?", flüsterte sie.
Karima nickte kaum merklich.
„Das ist die Hitze." Frau Minges wischte sich den Schweiß von der Stirn.
„Sie fastet", posaunte Silke aus. „Ramadan."
„Ach so?" Die Lehrerin runzelte die Stirn.
„Du solltest etwas essen, Karima. Was Süßes. Hat jemand einen Schokoriegel oder so?"
Alle möglichen Süßigkeiten landeten auf dem Tisch. Frau Minges reichte Karima einen Schokokeks. „Iss das. Und dann geht Hanna mit dir zur Schulkrankenschwester."
„Ich kann sie zur Krankenschwester bringen", drängte Sinan sich vor.
„Danke, Sinan, aber Hanna macht das schon", entgegnete Frau Minges.

16

„Lass mich!“ Karima machte sich von Hannas Arm los. Sie standen auf dem Korridor vor den Waschräumen.
Hanna steckte der Schreck noch in den Gliedern. Sie hatte noch nie jemanden in Ohnmacht fallen sehen.
Karima schritt fest aus. Man merkte ihr kaum noch an, dass sie kurz zuvor zusammengeklappt war. Hanna klopfte am Büro der Schulkrankenschwester.
„Umgekippt, ja? Na, dann kommt mal rein“, sagte die Schwester freundlich, kaum dass Hanna ihr erklärt hatte, was los war.
Sie forderte Karima auf, sich auf eine Liege zu legen. „Ich messe jetzt deinen Blutdruck.“
Karima krempelte den Ärmel hoch.
Die Krankenschwester wickelte die Manschette des Blutdruckmessgerätes um Karimas Arm und begann, zu pumpen.
„Hm. 90 zu 63. Ziemlich niedrig. Hast du heute schon was gegessen?“
Karima schüttelte den Kopf.
„Sie hält den Ramadan ein“, erklärte Hanna.

„So so, das erklärt einiges." Die Krankenschwester nickte. „Ist schon in Ordnung. Trotzdem gibt es Ausnahmen, oder? Wenn jemand krank ist, zum Beispiel. Du brauchst ein bisschen was, Mädchen. Warum gehst du nicht mit deiner Freundin in die Kantine und holst dir etwas zu essen?"
Hanna wich Karimas Blick aus. Das hier musste Karima wie eine Niederlage vorkommen. Wenn alle an ihr herumkritisierten, dass es Blödsinn war, den ganzen Tag nichts zu essen und zu trinken …
Hanna war zwar der gleichen Meinung, dennoch tat ihr Karima leid.
Karima sah weg. „Ich weiß nicht."
„Na, als Krankenschwester muss ich aber sagen, es geht gar nicht anders. Willst du noch mal zusammenklappen?" Die Krankenschwester packte das Messgerät weg.
„Ich glaube, ihr Freund hat was dagegen." Das rutschte Hanna einfach so raus.
Karima sah aus, als wollte sie zurückschießen. Sie öffnete den Mund, schloss ihn wieder. Blinzelte. Sah weg.
„Das glaube ich nicht. Dein Freund wird bestimmt Verständnis haben, schätze ich."

Die Krankenschwester verschränkte die Arme. „Oder sollen wir lieber deine Mutter anrufen, damit sie dich abholt?"
„Nein, das ist nicht nötig", antwortete Karima leise.
„Also, dann! Ab in die Kantine mit euch! Und du stehst hübsch langsam auf", befahl sie Karima.

17

In der Kantine lief die Klimaanlage, es war angenehm kühl. Karima kaute an einem Brötchen herum.
„Es tut mir leid“, quetschte Hanna heraus.
„Was tut dir leid?“, fragte Karima ausdruckslos.
„Dass ich das gesagt habe. Dass dein Freund dich zwingt, zu fasten.“
Karima sah auf. „Weißt du, mir geht das so was von auf den Geist!“
„Was denn?“ Hannas Stimme klang heiser.
„Alle fallen über mich her. Nur weil ich nicht das mache, was alle anderen richtig finden.“
„Sinan findet ja richtig, was du machst!“
„Hör schon mit deinem ‚Sinan, Sinan‘ auf! Er hat nie von mir verlangt, dass ich faste. Oder dass ich ein Kopftuch trage! Es nervt mich echt, dass du und alle anderen mir immer nur unter die Nase reiben, dass es nicht meine Entscheidung ist, nach der Religion zu leben. Aber ich will das selbst!“
„Aber warum, Karima? Was bringt dir das?“
„Ihr denkt immer nur, alles muss was bringen. Irgendeinen Vorteil oder so.“

‚Ihr – damit meint sie mich', dachte Hanna. Karima redete schon weiter: „Du weißt meine Familie ist westlich orientiert. Doch zu unserer Kultur gehört auch der Islam! Ich will mehr darüber wissen. Nicht nur theoretisch, kapiert?"
Es klingelte zur Pause. Karima stand auf. „Tschüss." Sie stolzierte hinaus.
Wie betäubt blieb Hanna sitzen. Sie war nicht überzeugt. Schließlich hatte sich Karima vorher nie für Religion interessiert. Auch Karimas Mutter trug kein Kopftuch …
„Mach dir nichts draus", riss Silkes Stimme sie aus ihren Gedanken. Das Mädchen drängte sich zu Hanna durch. „Die Liebe!" Sie rollte mit den Augen und kicherte.
Hanna war nicht zum Lachen.
„Heute gibt es Milchreis. Lust?"
Hanna zuckte die Achseln.
„Ich stell mich an. Wenn du willst, halte ich dir den Platz in der Schlange frei."
„In Ordnung", antwortete Hanna müde. Sie hatte überhaupt keinen Hunger. Sie wartete, bis Silke in der Schlange stand, dann huschte sie aus der Kantine. Deprimiert schlurfte sie über den Hof. Irgendwo würde sie schon einen Schattenplatz finden.

Da sah sie Karima und Sinan. Sie saßen auf einer Bank unter den Weiden am hinteren Ende des Schulhofs. Sinan hatte den Arm um Karima gelegt und redete auf sie ein. Karima sagte nichts.
Schnell glitt Hanna in den Schatten bei den Sporthallen. Sie schlich bis zum Zaun, näherte sich Karima und Sinan von hinten; verbarg sich hinter einem dicken Baumstamm.
„Hör nicht auf die!“, sagte Sinan gerade.
„Die wollen dir nur wieder deine Religion ausreden!“
„Aber Hanna und die Krankenschwester haben mir schon geholfen“, warf Karima ein.
„Ja“, sagte Sinan „es ist auch richtig, dass du etwas gegessen und getrunken hast. Zum Glück geht es dir wieder besser! Aber alle kommen wieder mit den üblichen Totschlagargumenten: ‚Fasten ist ungesund‘, ‚Kopftuch ist frauenfeindlich‘. Und natürlich: ‚Alle Muslime sind Terroristen‘.“
„Weil wir Muslime auch manchmal nicht genug dafür tun, uns von so grässlichen Sachen wie dem IS zu distanzieren“, erwiderte Karima. „Privat reden wir darüber, aber öffentlich nehmen nicht alle Stellung!“

„Es gibt überall Verbrecher! Auch im Westen!“, protestierte Sinan.
Karima schüttelte Sinans Arm ab.
„Darum geht’s nicht, Sinan! Die Muslime müssen glaubwürdig die Meinung vertreten, dass sie gegen Terror sind.“
„Wie denn? Wenn alle sofort auf uns herumhacken! Schau dir Hanna und ihre doofen Freundinnen an: Die verbreiten auch nur die üblichen Klischees!“
Karima sprang auf.
„Lass Hanna aus dem Spiel!“
„Aber …“
„Lass mich in Ruhe!“ Karima stürmte über den Pausenhof Richtung Schulgebäude.
„Warte halt mal!“, rief Sinan ihr hinterher.
Karima dachte gar nicht daran, zu warten.
Sie hastete einfach über den Hof, riss die Tür zum Kunsttrakt auf und war verschwunden.
‚Offenbar geht es ihr wieder gut‘, dachte Hanna, während sie sich davonmachte.

18

Dienstag. Mitten im Deutschunterricht meldete sich Ilva, eine Freundin von Silke, und sagte: „Herr Prechtl, mir wird schlecht.“ Der Lehrer schickte sie mit ihrer Freundin Anne zur Schulkrankenschwester.

„Jetzt geht's los“, sagte Silke halblaut. „Jetzt wird plötzlich allen schlecht.“

„Ilva kann gar nicht umkippen“, tönte Jan. „Sie fastet nicht.“

Gekicher.

„Was ist los?“, fragte Herr Prechtl.

„Gestern ist Karima umgekippt. Weil sie nichts isst. Ramadaaaaan!“ Silke zog das Wort in die Länge.

Lachen. Jan klopfte seinem Banknachbarn Sinan auf die Schulter: „Na, Bruder, auch Schwächegefühle?“

Gejohle.

„Herr Prechtl, das ist doch unvernünftig, nichts zu essen bis Sonnenuntergang, oder?“, rief Silke nach vorn. „Man bringt ja gar keine Leistung.“

Hanna hörte, wie Karima schnaubte.

„Moment. Lasst uns mal vernünftig darüber reden." Herr Prechtl hob beide Hände. „Wofür steht der Ramadan? Kannst du uns das erklären, Sinan?"
„Der Ramadan ist der neunte Monat des islamischen Mondkalenders. In dem Monat wurde den Muslimen der Koran gesandt."
„Ach?", kicherte Silke. „Kam der einfach so vom Himmel geflattert?"
Sinan warf ihr einen finsteren Blick zu.
„Fasten ist total von gestern", bemerkte Jan.
„Absolut ungesund!", rief ein Mädchen. „Und auch noch einen ganzen Monat lang!"
„Sinan, warum fastest du?", fragte Herr Prechtl ruhig.
„Es ist eine Form des Gottesdienstes. Es ist für uns Muslime sehr wichtig."
„Gebt doch lieber den Armen was zu essen!", rief Silke.
„Wenn du fastest, dann merkst du, was Hunger bedeutet", erklärte Sinan. „Und du bist eher bereit, den Bedürftigen etwas abzugeben."
„Von deinem Hunger?", kicherte ein anderes Mädchen.
„Quatsch!" Karima drehte sich um. „Von deinem Reichtum natürlich."

„Andere Religionen kennen auch eine Fastenzeit“, wandte Leon ein. „Die Christen fasten vor Ostern. Schon vergessen?“
„Das macht heutzutage kein Mensch mehr!“
„Total blödsinnig, den ganzen Tag nichts zu essen und abends reinzuhauen.“ Argumente schossen durch das Klassenzimmer. Hanna schwirrte der Kopf.
„Während des Ramadan brechen wir das Fasten auch nicht mit sehr schweren Speisen“, hörte sie Karima gerade sagen.
„Das ist wenigstens gut für die schlanke Linie“, erklärte Silke selbstzufrieden.
„Was du da sagst, ist typisch!“, regte Sinan sich auf. „Du interessierst dich bloß für das Äußerliche. Was innen in den Menschen passiert, ist euch allen total egal!“
„Das ist eine Unterstellung, Sinan“, sagte Herr Prechtl. „Man kann auch ein tiefgründiger Mensch sein, ohne religiös zu sein.“
„Das Gefühl habe ich aber nicht gerade, wenn ich mich hier so umsehe“ sagte Sinan spöttisch. „Außerdem kennt ihr euch gar nicht aus! Die Muslime sind nämlich sogar verpflichtet, sich um die Armen zu kümmern. Die Mildtätigkeit ist genauso wichtig wie

das Fasten im Ramadan oder die Wallfahrt nach Mekka."

„Warst du schon dort?", grinste Jan.

„Ihr redet immer davon, wie wichtig die Toleranz in der europäischen Kultur ist", meldete sich Karima. „Aber den Muslimen gegenüber seid ihr überhaupt nicht tolerant. Im Gegenteil! Ihr benehmt euch total engstirnig."

„Engstirnig seid ihr ja wohl selbst!" Das kam von Silke.

Hanna sah auf ihre Hände und schwieg. Eigentlich stimmte sie Silke zu. Andererseits war auch richtig, was Karima gesagt hatte. Tolerant mussten beide Seiten sein.

Es klingelte zum Ende der Stunde.

„Noch eines! Setzt euch alle wieder hin!" Herrn Prechtls Stimme übertönte den Geräuschpegel. „Aus der Schulbibliothek sind Bücher verschwunden. Sollte jemand etwas gesehen haben oder etwas darüber wissen, soll er oder sie sich bei mir melden. Diebstahl ist keine harmlose Angelegenheit."

„Was für Bücher?", fragte Jan.

„Ein paar neu angeschaffte Krimis."

„Die hat bestimmt einer von denen geklaut, die meinen, dass Krimis nicht islamisch

genug sind.“ Hanna erschrak vor ihrer eigenen Stimme.
Sie, ja, sie, Hanna, hatte das gesagt. Laut und deutlich, während der Lärmpegel zum Ende des Unterrichts anschwoll: Kichern, Lachen, Johlen. Stühle und Tische wurden gerückt. Silke hielt ihren Daumen hoch. Leon dagegen schaute verständnislos drein. Schnell guckte Hanna weg.
Karima räumte ihre Sachen in ihre Tasche. Hanna zeigte sie die kalte Schulter.
Sinan kam zu Hanna rüber und baute sich wütend vor ihr auf.
„Kein Wunder, dass Karima nichts mehr mit dir zu tun haben will! Du bist genauso intolerant und oberflächlich wie alle anderen! Komm!“, sagte er zu Karima und legte den Arm um sie. Die beiden gingen hinaus.
Hanna stand allein im leeren Klassenzimmer. Nur Leon war noch da. Ausgerechnet!
„Hanna“, begann er und kam auf sie zu.
„Lass mich in Frieden.“ Sie rannte an ihm vorbei und machte, dass sie zum Bus kam.

19

Als Hanna am nächsten Morgen in den Bus stieg, sah sie nicht mal zu Karima hin. Ihre frühere Freundin saß auf dem üblichen Platz. Ein bunter Fleck aus Kopftuch, Gesicht und Tunika. Wenn Hanna sie so sah, könnte sie sich nur noch aufregen. Sie ließ sich nichts anmerken. Auch nicht, als Leon, der hinter ihr eingestiegen war, ihr auf die Schulter tippte. Sie schüttelte ihn ab und drängte sich durch den Gang bis nach hinten, zu Silke. Ein paar Mädchen nickten ihr zu, mit ernsten Gesichtern, und eine sagte: „Denen müssen wir es mal zeigen!"
„Anne hat Recht!", kommentierte Silke.
Hanna sank auf den Sitz neben ihr. „Hi. Recht womit?"
„Na, die Diskussion gestern. Hat mich echt angenervt. Ständig diese Toleranz aufzubringen für Leute, die selber null tolerant sind."
Hanna zuckte die Achseln. Sie würde am liebsten nicht an gestern erinnert werden.
„Ich meine, jeder hat gesehen, dass dieses Fasten Karima nicht guttut. Aber nein, die

Religion darf wieder herhalten: Alles wird beschönigt und ist richtig, nur weil es in einem uralten Buch drinsteht!“ Silke wurde vor Empörung ganz rot im Gesicht.
Hanna unterdrückte ein Seufzen.
„Ich wette, Sinan oder ein paar andere von seinen Kumpels haben die Krimis verschwinden lassen“, machte Silke weiter. „Weil sie unislamisch sind.“
Heute, im Bus, kam Hanna diese Erklärung gar nicht mehr logisch vor. Sie sagte dennoch nichts. Murmelte nur irgendwas, das Silke als Zustimmung deutete.
„Ich meine, man muss doch auch mal seine eigenen Überzeugungen ernst nehmen, oder? Sogar in den unteren Klassen gibt es Stress! Meine kleine Schwester ist in der vierten. Da hat ein muslimischer Junge den christlichen Kindern eingeredet, dass unter ihrem Bett der Teufel schläft. Meine Schwester hat nächtelang kein Auge zugekriegt.“
„Krass.“
„Meine Eltern gehen übrigens bei den Pegida-Demos mit. Und Annes Familie auch. Weil man ja mal was sagen muss. Hier sind einfach zu viele Muslime. Schau dich nur in der Schule

um!“ Silke redete und redete, bis der Bus das Schulzentrum erreichte. Es nieselte.
„Blödes Wetter“, schimpfte Anne. Sie schloss mit Ilva zu Hanna und Silke auf. „Guckt mal, da ist Sinan! Wartet auf Karima. Das reine Glück. Die wahre Liebe!“
Silke und Anne kicherten. Hanna hatte das Gefühl, sie müsste mitkichern, mitlästern, aber irgendetwas sperrte sich in ihr. Andererseits wollte sie unbedingt, dass Anne, Ilva und Silke sie akzeptierten. Ihr fehlte das fröhliche Zusammensein mit anderen Mädchen. Ohne Stress, ohne dass man seine Worte sorgsam wählen musste. Sie hatte Sehnsucht danach, einfach mit ein paar anderen abzuhängen.
Sinan und Karima gingen eng umschlungen zum Schulgebäude hinauf. Vor ihnen lief Luisa. Gegen den Regen stülpte sie ein Basecap über ihre roten Stoppeln. Leon war nirgends zu sehen. Umso besser.
„Bei der nächsten Diskussion müssen wir uns zusammentun“, schlug Ilva vor. „Wir müssen zusammenhalten, wenn Sinan und die anderen Gläubigen über uns herfallen.“
„Genau!“ Silke hüpfte vor Aufregung. „Dann nehmen wir sie so richtig in die Zange!“

„Wird Zeit, dass wir uns nichts mehr gefallen lassen“, rief Anne. „Religion ist für die ein Totschlagargument! Dabei können sie nicht mal beweisen, dass es ihren Gott wirklich gibt.“
„‚Als uns der Koran gegeben wurde‘“, äffte Ilva Sinan nach. „‚Auf die Erde geschickt.‘ Da lache ich ja! Wie denn: mit einem Raumschiff?“
Alle vier lachten sich halb tot. Es fühlte sich cool an, fand Hanna. Mal wieder dazugehören. Nicht als Einzelgängerin das Ende der Pausen abwarten. Die Mädchen gingen an Karima und Sinan vorbei.
„Na, Notration eingepackt für heute, Karima?“, lachte Silke.
„Dazugelernt hast du ja wahrscheinlich nichts“, fügte Anne hochmütig hinzu. „Oder hast du mal was gefrühstückt?“
Ilva kiekste: „Sinan, wie viele Koran-Exemplare stehen eigentlich in der Schulbibliothek?“
„Haltet den Mund!“, sagte Sinan.
Karima sagte nichts. Sie schaute in die andere Richtung. Hanna folgte ihrem Blick.
Im Nieselregen, auf einem Mäuerchen, hockte ein Junge und starrte zur Schule rüber. Er saß einfach nur da, bewegungslos. Es war Yaser.

20

Hanna fühlte sich mit Silke, Anne und Ilva unerwartet wohl. In der Mittagspause besetzten sie in der Kantine einen Tisch für sich. In der Zeit seit dem Streit mit Karima hatte Hanna oft gedacht, die Pausen würden nie enden. Jetzt war es umgekehrt: Sie gingen wie im Flug vorbei.
Nach der Mittagspause passte Herr Prechtl die Clique auf dem Gang ab.
„He, Mädchen, wartet mal kurz."
„Hallo, Herr Prechtl. Was gibt's denn?", fragte Anne großspurig.
„Ich suche Freiwillige für die Bibliothek. Wir müssen den Bestand feststellen. Da ist in den letzten Jahren viel angeschafft worden, andere Bücher sind rausgeflogen. Im Moment hat niemand einen richtigen Überblick. Fragt bitte in der Klasse, wer Lust hat, das Bibliotheksteam zu unterstützen."
„Ich bin dabei!", verkündete Anne sofort.
„Ich auch." Das kam von Ilva.
Auch Silke nickte. „Klar."
„Und du, Hanna?"

Er sah Hanna an. Sie hatte das Gefühl, irgendwas stimmte nicht. Es fühlte sich total peinlich an. Hanna hatte sich noch nie für irgendwas freiwillig gemeldet. Wenn Extra-Aktivitäten geplant waren, war sie die Erste, die sich ausklinkte.
Herrn Prechtls Blick ruhte auf ihrem Gesicht. Hanna wurde rot. Wenn ihr Lehrer sie nicht so durchdringend anstarren würde! Wenn sie das gestern nicht gesagt hätte mit den Muslimen, die Bücher stehlen …
„Sicher, ich mache mit“, murmelte sie.
„Schön. Nächsten Montag nach der sechsten Stunde. Geht das?“
Sie nickten.
„Bis dann!“
Er ging den Gang hinunter.
„Cool!“, rief Ilva.
„Für dich ist der Job wie geschaffen. Du bist sowieso eine Leseratte“, grummelte Anne.
Sie betraten das Klassenzimmer.
Leon stand genau hinter der Tür.
„Hanna!“
„Was?“ Sie drehte sich zu ihm um. Die neugierigen Blicke der drei anderen Mädchen bohrten sich in ihren Rücken.

„Wir müssen reden.“
„Worüber?“
„Als wir im Eiscafé waren …“, fing Leon an.
„Das ist deine Angelegenheit!“, erklärte Hanna entschlossen. Dem würde sie zeigen, dass sie leicht ohne ihn zurechtkam! Sie spazierte zu ihrem Platz. Karima saß schon da und legte alle ihre Stifte auf den Tisch. Einen neben den anderen. Peinlich genau.
Hanna sollte endlich darum bitten, neben einem anderen Mädchen sitzen zu dürfen.
„Hanna“, sagte Karima plötzlich. So leise, dass Hanna sie im allgemeinen Radau kaum hörte.
„Was denn?“
„Können wir reden?“
„Ich wüsste nicht worüber!“ Hanna kramte ihr Mathebuch aus der Tasche. „Gibt's denn überhaupt noch was, was dich interessiert? Außer Sinan? Und Religion?“
Ein seltsames Geräusch kam von Karimas Seite. Hanna sah nicht hin. Wenn sie sich nicht sicher wäre, dass es niemals sein könnte, hätte sie den erstickten Laut für ein Schluchzen gehalten.
Aber es blieb ohnehin keine Zeit zum Reden. Frau Leipold kam herein. Die Stunde begann.

21

Ein super Wochenende lag hinter Hanna. Sonne ohne Ende! Sie war mit Anne, Ilva und Silke im Schwimmbad gewesen. Zwei Tage lang chillen und Spaß haben. An nichts denken, was nervte. Nicht an Sinan und die bodenlosen Diskussionen über Religion. Nicht an Leon und Luisa. Nicht an Karima.
Wobei … den Gedanken an ihre alte Freundin konnte Hanna nie ganz verdrängen. In der vergangenen Woche hatte Karima noch zweimal versucht, mit Hanna zu reden. Hanna hatte abgeblockt. Dazu kam es noch, dass sie sich wieder auf so ein Gespräch einlassen musste, in dem es um den Ramadan oder andere doofe Vorschriften ging! Hanna fand, sie war tolerant genug. Sie ließ Karima ja machen, was sie wollte. Wenn Karima ihre neuen Überzeugungen hatte – sollte sie! Hanna selbst wollte damit allerdings nichts zu tun haben. Auf keinen Fall!
Am Montag jedoch kam alles hoch, was sie übers Wochenende so erfolgreich von sich weggeschoben hatte. Leon war schon an der

Haltestelle, als Hanna hinkam. Immer wieder guckte er zu ihr rüber. Sie stellte sich blind und taub. Luisa stolzierte herbei und wechselte ein paar Worte mit Leon. Hanna tat, als wäre nichts weiter. Sie war erleichtert, als endlich der Bus kam.

Karima saß wie üblich allein da. Selbst schuld. Wenn sie sich dermaßen aus allem ausklinkte und ein neues Leben anfing ... Hanna reckte das Kinn und drängte sich zu ihrer neuen Clique durch.

„Nicht vergessen!“, rief Ilva ihr entgegen. „Heute nach dem Unterricht steigt der Freiwilligendienst in der Bibliothek!“

„Nee, schon klar.“

Anne zeigte ihr Smartphone. „Guckt mal.“

„Wow, lass sehen!“ Sofort beugten sich alle über das Handy. Annes Hündin hatte Welpen geworfen. Die Clips zeigten den ersten Ausflug der Kleinen in den Garten.

Als der Bus vor der Schule hielt, sahen die vier Mädchen erstaunt auf.

„Sind wir schon da?“ Enttäuscht steckte Anne das Handy ein.

Es war ein traumhafter Sommertag.

Der Himmel glänzte stahlblau.

„Mist, ausgerechnet heute hocken wir den Nachmittag über in der Bibliothek“, schmollte Silke.
Hanna lachte. „Vergiss es. Mein Sonnenbrand freut sich über einen Tag Pause.“
Plaudernd liefen sie zur Schule hoch. Wie immer in letzter Zeit trabten sie an Karima und Sinan vorbei.
„Hi, wie lange dauert euer Ramadan eigentlich noch?“, trompetete Anne.
Ilva juxte: „Sieh zu, dass du nicht zu viel abnimmst, Karima. Unter den Schlabberklamotten sieht das richtig verhungert aus.“
„Lasst sie in Ruhe!“, gab Sinan zurück.
„Musst du sie beschützen? Kann sie nicht mehr für sich selbst sprechen?“, fragte Silke höhnisch.
„Das machen die Muslime so!“ Anne hakte sich bei Silke ein. „Los, tun wir, was er sagt.“
„Die Frau sei dem Manne untertan!“, kicherte Ilva.
„Ich glaube ja, die Frauen verhüllen sich nur, um die Jungs richtig heiß zu machen.“
Um Zustimmung heischend, blickte Silke von einer Freundin zur anderen. „Dann ist das Auspacken umso interessanter, oder?“

Sinan starrte die Mädchen grimmig an. Hanna sah zu Karima rüber. Ihre Augen waren rot gerändert. Sie wirkte blass und müde. Plötzlich wünschte sich Hanna, Leon würde ihr den Arm so um die Schulter legen, wie Sinan es bei Karima tat. Sie stellte sich vor, Leon würde sie verteidigen – gegen vier Mädchen. Sinan musste doch klar sein, dass er keine Chance hatte. Aber Karima schien sein Beschützergetue nicht besonders zu genießen. „Lasst uns reingehen“, schlug Hanna leise vor. „Das muss er schon aushalten, wenn wir ihm sagen, was wir denken. Er posaunt ja auch seine Meinung raus“, widersprach Silke. Hanna dachte daran, wie sie und Karima oft heimlich über Silke gespottet haben. Weil sie „zickig“ war. Genau das hatte Karima gesagt. ‚Von wegen!‘, dachte Hanna trotzig. ‚Silke ist okay.‘

22

„Habt ihr verstanden, was ihr machen sollt?“, fragte Herr Prechtl.
Zu viert standen sie mit ihrem Lehrer in der Bibliothek zwischen den Regalen. Durch die riesigen Fenster fiel helles Sonnenlicht herein. Hanna sah den Staub in den Strahlen tanzen.
„Logo“, sagte Silke. Sie hielt einen Stapel Computerausdrucke in der Hand und fuhr mit einem lackierten Finger die Zeilen entlang.
„Hanna?“, wandte der Lehrer sich an sie.
„Alles klar?“
„Ja, natürlich. Wir fangen hier an und nehmen die Bücher raus, die ausgemustert werden. Und wenn wir dabei zufällig Bände entdecken, die falsch eingestellt wurden, räumen wir die an die richtige Stelle.“
„Genau. Ich bin im Büro. Meldet euch, wenn ihr Fragen habt.“
Ilva stürzte sich bereits auf die Regale. „Gott, wie ich den Geruch von Büchern liebe!“
„Ich könnte drauf verzichten.“ Seufzend zückte Silke einen Stift. „Sie erinnern mich an Schule und Zwang.“

Die Mädchen gingen mit ihren Listen die Regale ab, musterten Bücher aus und legten sie auf einem Rollwagen ab. Hanna arbeitete sich schnell voran. Sie kam als Erste am Ende der Abteilung an, die sie überprüfen sollten.
„Ich bin mal kurz weg“, hörte sie Anne sagen. Die Tür zur Bibliothek fiel hinter ihr zu.
Hanna stapelte die letzten Bücher, die ausrangiert wurden, auf den Rollwagen. Sah durch das geöffnete Fenster hinaus auf den Pausenhof. Wolken waren aufgezogen. In der Ferne grummelte Donner.
Am hinteren Ende des Pausenhofes sah sie ein paar Jungs stehen. Auch Sinan war dabei. Was trieb der denn da? Ihre Klasse hatte längst frei! Nur Hanna und ihre Clique waren geblieben, weil sie es Herrn Prechtl versprochen hatten.
Auch Yaser hing mit ab. Die Jungs alberten herum. Da schlenderte plötzlich Anne auf die Gruppe zu. Sie schien irgendwas Uncooles zu sagen, denn Hanna sah, wie zwei Jungen sich an die Stirn fassten und Yaser lauthals lachte. Anne zuckte die Achseln und ging weg. Dabei streifte sie Sinans Rucksack. Fasste hinein. Nur ganz kurz. Das war doch

Sinans Rucksack? Dieses Riesending mit den grünen Streifen?
Herr Prechtl tauchte zwischen den Regalen auf. „Seid ihr fertig?“
„So gut wie“, kam es von Silke.
„Prima. Danke für heute. Und wie gesagt: Wir können in der Bibliothek jede Hilfe gebrauchen.“
Die Bibliothekstür klappte. Anne war wieder im Raum.
„Auf alle Fälle, wir hören uns um!“, rief sie.
Als sie raus auf den Pausenhof gingen, murmelte Silke: „Also, der allertollste Spaß ist diese Bücherschlepperei nicht!“
Anne kicherte. „Fragen wir Sinan mal, ob er als Freiwilliger einspringt. Dann kann er gleich die unislamischen Bücher aussortieren.“
„Du spinnst.“ Gutmütig knuffte Ilva Anne in die Seite.
Hannas Augen suchten den Hof in alle Richtungen ab. Von Sinan und den Jungs war keine Spur mehr zu sehen.

23

Der Dienstag brachte Regen, graue Wolken und kalten Wind. Fröstelnd zog Hanna die Schultern hoch, als sie zur Bushaltestelle trottete. Leon und seine Kumpels waren schon da. Sie alberten in dem engen Wartehäuschen herum.

Hanna hatte keine Lust, sich dazuzustellen. Lieber zog sie ihre Kapuze tiefer in die Stirn.

„Hanna?“ Leons Stimme!

„Was willst du?“, brummte sie. Leon hatte ihr gerade noch gefehlt. Konnte er sich nicht einfach um seinen eigenen Kram kümmern?

„Was ist los? Warum gehst du mir aus dem Weg?“

„Warum – was?“ Hanna starrte ihn entgeistert an. Der hatte Nerven! „Das fragst du mich?“

„Naja … du bist aus dem Eiscafé abgehauen … einfach so …“

Einfach so! Der hatte sie ja nicht mehr alle! Tränen des Zorns stiegen Hanna in die Augen.

„Du spinnst ja!“, fauchte sie.

Leon schaute völlig entgeistert drein. Zu allem Übel kam auch gerade Luisa angeschlurft.

Sie schlappte in ihren Chucks durch die Pfützen, als würde ihr der Regen nicht das kleinste bisschen ausmachen. Hanna starrte sie wütend an. In diesem Augenblick hätte sie dem rothaarigen Mädchen den Hals umdrehen können. Wie von selbst ballten sich ihre Hände zu Fäusten. Plötzlich bestand sie nur noch aus Zorn. „Lass mich doch in Ruhe. Lass mich einfach in Ruhe!"
Zum Glück kam der Bus. Wer weiß, was sie Leon sonst noch an den Kopf geworfen hätte. Eilig drängte sie sich zu ihrer neuen Clique durch.
„Was ist denn los, Hanna?", fragte Ilva. „Du bist knallrot im Gesicht."
„Bist du sauer oder was?", erkundigte sich Anne.
„Nee. Ist nur …" Dann brach es heraus. „Wegen Leon!"
Für Sekunden sagte keine was. Dann grinste Anne: „Gute Wahl."
„Du stehst auf Leon?", kicherte Ilva.
Silke sagte nichts. Ihr Gesicht war mit einem Mal finster. So düster wie der Regentag draußen.
„Aber Leon hat was mit Luisa!"

Das platzte aus Hanna heraus. Sie hätte es lieber zurückgehalten. Irgendwie war es ihr unangenehm, dass die anderen merkten, wie wütend sie war.
„Mit Luisa? Da lache ich ja.“ Ilva schüttelte den Kopf. „Luisa, meine süße Hanna, ist Leons Halbschwester.“
„Seine …“
„Ja, sein Vater hat ein zweites Mal geheiratet. Leons Mutter. Da hatte er aber schon eine Tochter. Luisa.“
Plötzlich kam es Hanna totenstill im Bus vor. Sie fühlte sich sowas von erleichtert und gleichzeitig total blamiert. Leons Halbschwester. Deswegen grüßten sie sich und redeten manchmal. Dieser Idiot! Warum konnte Leon Hanna das nicht einfach sagen!?
„Da bist du schön reingefallen, was?“, prustete Silke los. „Hast du echt gedacht, die beiden sind zusammen?“
„Mach dir nichts draus“, tröstete Ilva sie. „Man kann sich ja mal täuschen.“
Es klang ehrlich. Aber die Blicke, die sie mit Anne und Silke tauschte, sprachen eine andere Sprache. Häme und Schadenfreude spiegelten sich darin.

„Das ist ja geil!“, gickelte Silke. „Hanna sieht Leons Schwester als Konkurrenz. Du hast ihn abserviert, was? Nur wegen Luisa.“
„Hättest ja mal eine von uns fragen können.“ Annes Stimme klang vorwurfsvoll. „Wir hätten dir das schon erklärt.“
‚Ach ja, weil ihr ja immer alles wisst oder was?‘, dachte Hanna. Aber sie hielt den Mund.
Es war alles schon peinlich genug.
Als der Bus seine Schülerfracht ausspuckte, tigerten Anne, Silke und Ilva Arm in Arm zur Schule hoch und kicherten aufgekratzt.
Hanna lief neben ihnen her, doch sie hängte sich nicht bei ihnen ein. Immer wieder sah sie sich nach Leon um.
Sie musste ganz dringend mit ihm sprechen.
Nur: Was sollte sie sagen?
Das hier war die schlimmste Blamage ihres Lebens.

24

Die Katastrophe brach in der letzten Stunde vor der Mittagspause über die Klasse herein. Mitten in Deutsch klopfte es. Der Schulleiter und ein Polizist marschierten ins Zimmer. In der Klasse wurde es mucksmäuschenstill.

„Wer von euch ist Sinan Demirci?“, fragte der Schulleiter.

Alle Augen richteten sich auf Sinan. Der starrte den Schulleiter an, als habe er noch nie seinen Namen gehört.

Jan stupste Sinan an. „He, Alter!“

Langsam hob Sinan die Hand.

„Können wir bitte dein Handy haben, Sinan?“ Der Schulleiter stand schon neben Sinans Platz.

„Ich … also …“

„Ja?“

„Ich hab’s … verloren.“

„Du hast was?“ Auch der Polizist baute sich drohend neben Sinan auf.

„Hat er sein Handy in der Schule eingeschaltet gelassen?“, kicherte Silke. „Wird er jetzt deswegen verhaftet?“

„Ruhe!“, donnerte Herr Prechtl.
Alle hielten den Atem an. Man hätte eine Stecknadel fallen hören können.
„Es stimmt!“, durchdrang Karimas Stimme das Schweigen. „Gestern war es plötzlich weg.“
Hanna sah zu Boden. Himmel, war das peinlich! War ja klar, dass Karima sofort für Sinan in die Bresche sprang. Was konnte so schlimm an einem Handy sein? Dass sogar die Polizei in der Schule aufschlug?
„Wann genau?“, fragte der Polizist.
„Nach der Schule. Also … am Nachmittag.“
Karima räusperte sich. „Ich habe ihn ein paarmal angerufen, aber er ging nicht dran …“
Einige lachten. Getuschel.
„… und dann hat mir Sinan heute früh gesagt, dass er sein Handy verloren hat.“
„Würdest du bitte mitkommen, Sinan!“, sagte der Schulleiter.
Der Polizist öffnete bereits die Klassenzimmertür, während Sinan schwerfällig aufstand und mit hängenden Schultern dem Schulleiter nach draußen folgte.
Ein unglaublicher Lärm brach los, kaum dass Sinan und die beiden Männer das Klassenzimmer verlassen hatten.

„Was ist denn passiert?“
„Hat er Pornos runtergeladen?“
Gekicher.
Ilva tippte Hanna von hinten auf die Schulter. „Wäre ja witzig, oder? Wenn ausgerechnet Sinan, unser Heiliger …“ Sie rollte mit den Augen.
Hanna wandte sich ab. Karima neben ihr hatte das Gesicht in den Händen verborgen.
„Herr Prechtl, ist Sinan festgenommen?“, rief Jan nach vorn.
„Natürlich nicht. Sie stellen ihm nur ein paar Fragen.“ Der Lehrer bemühte sich um einen ruhigen Ton. Er wollte entspannt klingen, obwohl jeder merkte, wie verwirrt auch er war. Niemand konnte sich mehr auf den Text konzentrieren, den sie lesen sollten. Als es zur Pause klingelte, gab es nur ein Thema: Sinan.

25

Eigentlich wollte Hanna die Pause nutzen, um mit Leon zu reden. Warum hatte er ihr nicht gesagt, dass Luisa seine Schwester war? Hatte er erwartet, dass sie, Hanna, das wusste? Oder wussten es einfach alle, nur sie nicht?
Aber dann rannte Karima beim Pausenläuten schluchzend aus dem Klassenzimmer. Und irgendetwas in Hanna sorgte dafür, dass sie hinterherlief. Sie folgte Karima den Korridor entlang und über den Hof.
Der Regen warf Blasen auf dem Asphalt. Karima flitzte wie ein Hase durch die Nässe.
„Karima!“, rief Hanna.
Keine Reaktion. Karima rannte in das flache Gebäude, wo die Zeichensäle lagen. Hanna war ihr dicht auf den Fersen.
„Karima!“
Hanna betrat das Gebäude. Kurz stand sie wie blind im Gang. Verdammt, es war ganz schön finster hier. Irgendwo quietschte eine Tür. Im Dämmerlicht war das richtig unheimlich. Der übliche Tumult am Ende des Vormittags schien sehr weit weg. Es roch nach Gips und Lack.

Hannas Hals wurde ganz trocken.
„Karima?“, flüsterte sie heiser.
Langsam ging sie den Gang entlang. Im Halbdunkel stieß sie gegen einen Karton. Papierrollen kippten um und kullerten ihr vor die Füße. Achtlos stieß sie sie weg.
Dann hörte sie ein leises Schnaufen hinter einer Tür. Sie drückte die Klinke. Schob die Tür auf.
Es war der Zeichensaal der Kleinen. Überall standen Farbkästen herum, Wassergläser voller schmutziger Brühe. An den Wänden hingen knallbunte Bilder. In der Ecke stand eine mannshohe Gipsfigur.
Karima saß ganz hinten im Saal, Kopf und Arme auf einen Tisch gelegt. Ihre Schultern bebten. Hanna wusste nicht, was sie machen sollte. Sie und Karima hatten einander immer getröstet. Aber inzwischen lebte sie in Streit mit Karima. Und sie hasste das blöde Kopftuch. Es war wie eine Wand zwischen ihr und ihrer Freundin! Andererseits: Wegschleichen konnte sie sich jetzt nicht mehr.
„Karima, was ist denn los?“, sagte Hanna leise.
Sie setzte sich neben Karima.
„Lass mich allein!“

„Vergiss es.“ Hanna sah sich um. „Hier also versteckst du dich in den Pausen.“
In die Kantine konnte sie ja schlecht gehen. Wegen Ramadan. Hanna spürte, wie Wut in ihr hochkroch. Ob Karima normalerweise mit Sinan hierherkam? Weil der Zeichensaal der unteren Klassen spätestens mittags leer war? Was machten sie dann hier? Knutschen? War das erlaubt oder ‚unislamisch‘?
‚Irgendwie weiß ich überhaupt nichts‘, dachte Hanna. ‚Über Sinan und Karima und ihre Beziehung. Und über den Islam schon gar nicht.‘
„Ich mache mir Sorgen um Sinan“, legte Karima los. „Ständig hacken alle auf ihm rum und jetzt muss er auch noch zur Polizei. Obwohl er nichts gemacht hat! Bestimmt nicht!“
„Aber dann wird die Polizei das auch feststellen“, tröstete Hanna sie.
„Weißt du, wie bescheuert das ist, wenn alle dich anstarren, als wärest du ein exotisches Tier?“
Die Wörter kamen dumpf aus der Kuhle zwischen ihren Armen. „Wenn plötzlich alle denken, du wärest gestört oder krank?“
„Niemand denkt, du bist krank.“

„Aber alle hassen mich.“
Hanna berührte behutsam Karimas Schulter.
„Niemand hasst dich.“
„Ach, nein?“ Karima schaute auf. Ihre Augen waren verquollen. „Die anderen bestrafen mich dafür, dass ich ein Kopftuch trage und faste. Und dafür, dass ich mich in Sinan verliebt habe! Du kannst mit Leon gehen, da sagt keiner was.“
„Ich gehe nicht mit Leon.“ ‚Schön wär’s‘, dachte Hanna.
„Wie jetzt!“
„Ich hab Mist gebaut. Ich dachte, er hätte was mit Luisa. Der Rothaarigen aus der Zehnten. Aber …“
„… sie ist seine Halbschwester“, vollendete Karima.
„Du wusstest das?“
„Ich hab’s mitgekriegt. Heute früh im Bus.“
„Auch das noch!“ Hanna stöhnte. Die Blamage hatte sich also wie ein Lauffeuer verbreitet.
Eine Weile saßen sie schweigend da.
Der Regen trommelte gegen die Scheiben.
„Läuft’s eigentlich gut mit Sinan und dir?“, fragte Hanna dann.
Karima strich sich über die Tunika.

„Du verstehst das vielleicht nicht. Sinan hat Charakter. Er ist kein oberflächliches Großmaul wie die meisten anderen Jungs. Er hat seine Überzeugungen."
„Ziemlich seltsame Überzeugungen, wenn du mich fragst", unterbrach Hanna. „Ehrlich gesagt habe ich das Gefühl, dass du seine Ideen kopierst."
„Du hast doch keinen Schimmer! Was weißt du denn, wie schön das ist, wenn Familien und Freunde sich jeden Abend zum Fastenbrechen treffen? Du hast das ja nie mitgemacht!"
Hanna zog den Kopf ein. Vielleicht hatte Karima Recht. Sie beurteilte etwas, wovon sie keine Ahnung hatte.
„Aber er zwingt dich, ein Kopftuch zu tragen. Er zwingt dich, zu fasten. Obwohl es dir nicht guttut, wie wir neulich gesehen haben."
„Er zwingt mich gar nicht!", widersprach Karima. „Er ist eben überzeugt, dass der Islam der richtige Weg ist. Dass wir in der Religion den Sinn des Lebens finden."
Hanna dachte daran, dass Silke, Anne und Ilva wahrscheinlich spätestens jetzt haltlos zu kichern anfangen würden.

„Wenn die Religion für ihn Sinn macht, okay. Aber warum musst du ein Kopftuch tragen? Warum hast du keine engen Jeans mehr an? Wieso hörst du keine coole Musik mehr? Stört das den Sinn oder was?“

„Das ist alles weltlich.“

„So ein Quatsch!“, rief Hanna wütend. „Musik macht einfach Spaß, Karima. Du bist nie ohne deine Songs aus dem Haus! Und plötzlich ist das alles – wie tot. Du kannst mir nicht erzählen, dass das alles auf deinem Mist gewachsen ist. Da steckt Sinan dahinter!“

„Ihr grenzt ihn total aus!“, wehrte sich Karima. „Niemand akzeptiert ihn. Mir geht's doch jetzt genauso, seit ich ein Kopftuch trage. Wenn alle dich anfeinden – da wirst du von selbst zum Außenseiter.“

„Ich finde, Sinan fühlt sich uns anderen total überlegen“, sagte Hanna. „Das lässt er raushängen. Und das stinkt mir.“

Karima sah Hanna an, ohne zu widersprechen. Eine Weile schwiegen sie.

„Ist der Islam wirklich deine Welt?“, flüsterte Hanna schließlich, als habe sie Angst, jemand in dem leeren Saal könnte sie hören. „Oder musst du Sinans Ideen nachmachen?“

„Ich will es halt ausprobieren“, entgegnete Karima. „Muslim sein bedeutet: Lebe nach Gottes Willen und handele gerecht. Was kann daran falsch sein?“

„Und die Musik? Ist die gegen Gottes Willen? Oder ungerecht?“

„Natürlich nicht. Ich will einfach eine Weile ohne Ablenkung klarkommen. Den Kopf frei kriegen. Mich auf das Wesentliche konzentrieren. Und es hat nichts mit Sinan zu tun, falls du damit wieder anfangen willst. Vielleicht ändert sich auch alles wieder. Ich weiß es noch nicht.“

„Ich finde, du kannst machen, was du willst“, sagte Hanna. „Kopftuch tragen oder nicht. Fasten oder nicht. Aber es muss deine eigene Überzeugung sein. Und nicht die von jemand anderem.“

26

Nach der Mittagspause tauchte Herr Prechtl erneut in der Klasse auf, obwohl sie eigentlich Mathe hatten. Die Mathelehrerin und Herr Prechtl redeten leise, mit ernsten Gesichtern.
„Was ist denn jetzt schon wieder los?“, murrte Silke.
„Wo ist eigentlich Sinan?“, fragte Jan und wies auf den leeren Platz neben sich.
„Hört zu!“, begann Herr Prechtl. „Gestern Abend ist mit Sinans Handy ein Video aus dem Internet runtergeladen und an etliche Schüler der unteren Klassen weitergeschickt worden. Ein brutales IS-Gewaltvideo! Mag sein, dass einige das cool finden. Aber hier ist die Grenze absolut überschritten! Ich hoffe, das ist euch bewusst. Wenn jemand von euch etwas darüber weiß, dann möchte ich, dass er oder sie Frau Leipold oder mich anspricht. Und zwar noch heute Nachmittag. Verstanden?“
„Was gibt es denn da zu wissen?“, rief Silke. „Das passt doch. Die Muslime tun immer friedlich, aber am Ende stecken sie alle mit den Terroristen unter einer Decke!“

„Sinan hat das nie im Leben gemacht“, wisperte Karima Hanna zu. „Nie! Dafür lege ich beide Hände ins Feuer!“
„Wenn es Sinans Handy war“, rief Ilva, „dann hat wohl Sinan den Film rumgeschickt, oder?“
Herr Prechtl hob die Hand.
„Sinan sagt, er war es nicht. Er hat sein Handy gestern verloren. Wir gehen davon aus, dass jemand sein Handy gefunden und es benutzt hat, um den Film runterzuladen und an die Jüngeren zu mailen.“
„Das war niemand aus unserer Klasse“, sagte Hanna fest. „Nicht im Traum!“
„Das will ich hoffen, Hanna“, antwortete Herr Prechtl.

★

Der Rest der Mathestunde war eine einzige Qual. Niemand konnte sich konzentrieren. Schon gar nicht auf Gleichungen.
Hanna spukte Sinans verblüfftes Gesicht im Kopf herum. Wie konfus er gewirkt hatte, als er dem Schulleiter und dem Polizisten aus dem Klassenzimmer gefolgt war. Neben ihr tupfte sich Karima immer wieder mit einem Taschentuch über die Augen.

Und noch etwas anderes drängte sich in Hannas Bewusstsein, aber sie bekam die losen Enden einfach nicht zu fassen.
Als die Stunde endlich aus war, drückte sich Silke zu Hanna und Karima durch, mit Ilva und Anne im Schlepptau.
„Du deckst Sinan, oder?“, schnauzte sie Karima an.
„Was?“ Verwirrt sah Karima zu Silke hoch.
„Kopftuchmädchen!“, knurrte Ilva. „Sag die Wahrheit!“
„Lass sie in Frieden!“, ging Hanna dazwischen. „Sie weiß nichts.“
„Ach nein? Da bist du dir sicher? Ausgerechnet du?“ Silkes Gesicht verzog sich höhnisch, während sie mit dem Finger auf Karima zeigte. „Vielleicht hat sie ja das Video downgeloadet.“
Ilva legte nach: „Wieso verteidigst du sie? Ich denke, du lebst im Krieg mit den Muslimen?“
„Du weißt genauso gut wie alle anderen, dass Karima keinen Grund hätte, ein Gewaltvideo an die Kleinen zu schicken!“ Hanna konnte nicht glauben, wie man so halsstarrig sein konnte. „Warum sollte sie das denn machen? Und übrigens: Ich lebe mit niemandem im Krieg!“

„Wahrscheinlich war es doch Sinan“, fauchte Silke. „Und jetzt streitet er alles ab.“
„Hört schon auf!“ Leon trat zu ihnen. „Das ist echt alles Schwachsinn.“
„Ach, Leon!“ Anne, Silke und Ilva tauschten spöttische Blicke.
Hannas Herz begann, zu hämmern. Zum Teufel. Leon! Sie wollte so dringend mit ihm reden. Wegen der Sache mit Sinan hatte sie in der Pause keine Zeit gefunden. Gerade jetzt fiel ihr auch ein, was sie vorhin nicht zu fassen bekommen hatte: Gestern, auf dem Schulhof, da hatte sie beobachtet, wie … Genau!
„Karima, Leon, kommt mit zu Herrn Prechtl!“, rief Hanna.
„Was ist …“, begann Leon.
„Ui, die beiden haben sich ja schnell versöhnt“, höhnte Ilva. „Hanna hat geschnallt, dass Luisa keine Konkurrenz ist. Dazu hat sie aber erst uns gebraucht, was, Anne?“
Anne zuckte die Schultern. Sie guckte mürrisch.
„Die kann mich mal. Wenn sie wieder angekrochen kommt, zeige ich ihr die kalte Schulter!“, schnaubte Silke.
Hanna klemmte sich ihre Tasche unter den Arm. „Karima, Leon, kommt ihr?“

27

Hanna, Karima und Leon hasteten zum Lehrerzimmer. Es war eigentümlich still in der Schule. Die meisten Schüler waren längst zu ihren Bussen gegangen. Nur vom Sportplatz hörte man das verhaltene BAFFBAFF eines Basketballs.

Sie standen vor dem Lehrerzimmer. Hanna klopfte.

Herr Prechtl öffnete. „Was gibt es?"

„Ich glaube, ich weiß, wie das mit dem Video passiert ist", fing Hanna an. „Sinan kann bestimmt nichts dafür."

„Kommt rein." Der Lehrer führte sie durch das Lehrerzimmer in ein kleines Büro. „Setzt euch. Also?"

„Gestern, während des Bibliotheksdienstes, da ist Anne mal rausgegangen. Ich dachte, sie geht auf die Toilette. Aber dann habe ich sie vom Fenster aus auf dem Pausenhof gesehen." Hanna holte tief Luft. „Da war auch Sinan mit ein paar Kumpels. Anne hat in Sinans Rucksack gegriffen. Wahrscheinlich hat sie das Handy geklaut!"

„Das ist eine schwere Anschuldigung, Hanna“, sagte Herr Prechlt.
„Aber sie ist stinksauer auf die muslimischen Schüler und steigert sich total in ihre Wut rein!“, sagte Leon.
„Und sie benimmt sich ziemlich unfair“, ergänzte Karima. Plötzlich redeten sie alle auf einmal.
Herr Prechtl griff nach seinem Handy. „Ich rufe die Polizei. Übrigens: Anne steckt doch ständig mit Silke und Ilva zusammen. Meint ihr, sie hat eine der beiden eingeweiht?“
‚Das würde Anne ähnlich sehen‘, dachte Hanna, ‚auch noch vor den anderen anzugeben.‘
„Kann schon sein“, murmelte sie.
„Wo ist Sinan jetzt?“, wollte Karima wissen.
„Zu Hause. Sein Vater hat ihn abgeholt.“

★

Herr Prechtl rief die Polizei an und wollte sich anschließend bei den Eltern von Anne, Silke und Ilva melden. Sinan würden sie auch in die Schule bestellen, zusammen mit seinem Vater.
„Lasst uns für eine Weile rausgehen“, bat Leon. „Ist doch okay, Herr Prechtl?“

„Natürlich. Das dauert hier eine Weile. Ich hole euch, wenn sich etwas tut."
Sie waren froh, aus dem deprimierenden Büro rauszukommen. Vor der Kantine hockten sie sich auf eine Bank. Man hörte das Klappern von Geschirr aus der Küche.
„Warum hat Anne das gemacht?", fing Hanna an. „Ich hätte nie von ihr gedacht, dass sie ein Handy klaut!"
Karima seufzte. „Sie hat Sinan total auf dem Kieker."
„Glaubt ihr, sie hat das richtig geplant? Das Handy mitgehen zu lassen, um das Video an die Jüngeren zu schicken?", fragte Leon.
Keines der Mädchen antwortete. Sie hingen ihren Gedanken nach.
Aber es fühlte sich seltsam für Hanna an, so neben Leon zu sitzen. Sie musste irgendwas zu ihm sagen. Sonst wurde alles noch peinlicher.
Als hätte Karima Hannas Verzweiflung gespürt, sagte sie zu Leon: „Hanna wusste nicht, dass Luisa und du Geschwister seid. Sie hat es erst heute von Ilva gehört."
Leon starrte Hanna an. „Du wusstest nicht …"
Ihm blieb der Mund offen stehen.

„Tut mir leid“, murmelte Hanna. „Ich war echt sauer, als Luisa neulich aufkreuzte. Dort im Eiscafé. Ich dachte, ihr …“

Leon schlug sich vor die Stirn. „Jetzt kapiere ich's!“

Es war wirklich unendlich peinlich. „Sorry“, murmelte Hanna. Sie sehnte sich danach, sich unsichtbar machen zu können. Ihre Wangen brannten.

Leon grinste breit. „Kein Problem. Wir könnten uns ja diesen Samstag wieder dort treffen.“

Das klang gut. Richtig gut. Hannas Magen zog sich zusammen, aber diesmal war es kein unangenehmes Gefühl, sondern ein schönes. Ein richtig schönes sogar!

28

Herr Prechtl holte sie ab und brachte sie in das kleine Büro zurück.
Sinan hockte zusammengesunken am Tisch. Er hatte dunkle Ringe unter den Augen. Karima umarmte ihn stumm. Neben ihm saß sein Vater. Der Schuldirektor tauchte auf, zusammen mit dem Polizisten, der schon am Vormittag in der Schule gewesen war. Und mit ihnen kam: Silke! Hanna blieb der Mund offen stehen. Silkes Gesicht war blass. Ihre übliche Selbstsicherheit war wie ausgelöscht.
„Eins von euch Mädchen hat etwas gesehen?", begann der Direktor. Er sah zwischen Karima und Hanna hin und her.
„Ja." Hanna räusperte sich nervös.
Sie wiederholte die Geschichte, wie Anne in Sinans Rucksack gegriffen hatte. Erst gestern war das gewesen. Es kam ihr schon viel länger her vor.
„Wahrscheinlich hat sie das Handy mitgehen lassen!"
„Dazu hat Silke etwas zu sagen", bemerkte Herr Prechtl.

„Gestern Abend hat Anne mich angerufen und damit geprahlt, dass sie Sinans Handy hat“, begann Silke leise. „Sie sagte, sie wollte Sinan mal richtig eins auswischen. Weil er so arrogant wäre und weil die Muslime alle … naja …“

„Und weiter?“ Herrn Prechtls Stimme war schneidend.

„Ich wette, sie hat den Film rumgeschickt.“ Silke starrte auf ihre Hände. „Ihr Bruder geht in die Unterstufe, daher hatte sie die Telefonnummern der Jüngeren.“

„Tja!“, erklärte der Polizist. „Natürlich müssen wir noch mit Anne sprechen. Aber ich denke, der Fall ist gelöst.“

„Dann ist bewiesen, dass Sinan nichts mit der Sache zu tun hat, oder?“, fragte Karima.

„So gut wie.“ Der Polizist lächelte Hanna zu. „Gut, dass du so aufmerksam bist. Du hast uns wirklich sehr geholfen!“

Hanna spürte, wie sie rot wurde.

„Vielen Dank“, sagte Sinans Vater zu Hanna und gab ihr die Hand.

„Und du bist auch mutig“, wandte er sich an Silke. „Es ist nicht leicht, sich gegen eine Freundin zu stellen.“

„Danke“, presste auch Sinan heraus. Er sah schnell weg. Hanna konnte trotzdem die Erleichterung in seinem Gesicht sehen.
Sein Vater lächelte. „Du hast echt Glück, Sinan! Stell dir vor, Hanna hätte Anne nicht beobachtet … du wärest ganz schön in Schwierigkeiten.“
„Du würdest total in der Scheiße sitzen“, erklärte Leon.
Karima lachte. Sinan grinste. Ein ziemlich krummes Grinsen, aber immerhin.
Sinans Vater redete mit Herrn Prechtl und dem Schulleiter.
Hanna nutzte den Moment, in dem sie unbeobachtet von den Erwachsenen waren. „Es war blöd, was ich neulich gesagt habe, Sinan. Das mit den Büchern aus der Bibliothek. Also …“
„Schon okay“, antwortete Sinan. „Ist ganz schön was schiefgelaufen in letzter Zeit.“
Er sah zu Silke rüber. Die hockte still da, den Kopf in den Händen vergraben.

29

Mittwoch. Sonne satt, blauer Himmel, Schäfchenwolken. An der Bushaltestelle wartete Leon schon auf Hanna.
„Alles klar?“, fragte er. Die anderen Jungs an der Haltestelle sahen flüsternd zu ihr rüber. Doch es fühlte sich nicht falsch an. Im Gegenteil – ihr Getuschel klang respektvoll. Dass Hanna Sinan rausgehauen hatte, hatte sich rumgesprochen.
„Alles klar.“
Luisa kam angetrottet. Und grüßte Hanna.
„Hi, wie geht's?“
Im Bus setzte Hanna sich neben Karima.
„Hör mal, ich finde das okay mit dem Kopftuch und so“, begann Hanna.
„Schon in Ordnung. Sinan ist echt froh, dass du ihm geholfen hast.“
„War doch selbstverständlich.“
„Und wie läuft's mit Leon?“, fragte Karima.
„Sehen wir mal“, lachte Hanna.
Die Busfahrt verging wie im Flug. Wie früher. Als sie ausstiegen, grüßten sie Silke und Ilva, die langsam zum Schulzentrum trotteten.

„Wo ist denn Anne?“, fragte Hanna.
„Die kommt nicht mehr bis zu den Ferien“, antwortete Silke und zog Ilva weiter.
Sinan kam auf Hanna zu. Er reichte ihr eine Frühstücksbox. „Hat meine Mom für dich gemacht.“
„Cool, was ist das?“
„Baklava. Süßer türkischer Kuchen“, erklärte Sinan. „Danke noch mal, dass du mir geholfen hast.“
„Baklava von Sinans Mutter schmeckt super lecker.“ Karima hakte sich bei Hanna ein.
„Ich hab’s auch schon probiert.“
„Danke, Sinan.“ Hanna öffnete die Box. „Hm, sieht klasse aus.“
„Komm doch heute Abend zum Fastenbrechen zu uns“, schlug Sinan vor. „Karima und ihre Familie werden auch da sein.“
„Ja, warum nicht? Das mache ich gern.“
Hanna freute sich schon, endlich wieder mit Karima zusammen irgendwo hinzugehen.
Gemeinsam mit Karima und Sinan betrat sie das Klassenzimmer. Von seinem Platz an der Tür grinste Leon ihr zu.

Ende